U0873104

医养联合基本公共服务标准化的成都成华实践与经验

本书编委会 编

西南交通大学出版社
·成 都·

图书在版编目（CIP）数据

医养联合基本公共服务标准化的成都成华实践与经验 / 本书编委会编. -- 成都：西南交通大学出版社，2023.8

ISBN 978-7-5643-9454-7

Ⅰ. ①医… Ⅱ. ①本… Ⅲ. ①养老－社会服务－服务标准化－研究－成都 Ⅳ. ①D669.6-65

中国国家版本馆 CIP 数据核字（2023）第 154035 号

Yiyang Lianhe Jiben Gonggong Fuwu Biaozhunhua de Chengdu Chenghua Shijian yu Jingyan

医养联合基本公共服务标准化的成都成华实践与经验

本书编委会　**编**

策划编辑　黄庆斌　祁素玲

责任编辑　何宝华

封面设计　曹天擎

出版发行　西南交通大学出版社

（四川省成都市二环路北一段 111 号

西南交通大学创新大厦 21 楼）

发行部电话　028-87600564　87600533

邮政编码　610031

网址　http://www.xnjdcbs.com

印刷　四川玖艺呈现印刷有限公司

成品尺寸　146 mm×208 mm

印张　5.75

字数　139 千

版次　2023 年 8 月第 1 版

印次　2023 年 8 月第 1 次

书号　ISBN 978-7-5643-9454-7

定价　68.00 元

图书如有印装质量问题　本社负责退换

版权所有　盗版必究　举报电话：028-87600562

医养联合基本公共服务标准化的成都成华实践与经验

编委会

（按姓氏笔画）

于乾靠	王双双	王　媛	任　雁	刘建云
李原松	吴　颖	宋　军	杨一帆	欧阳青燕
郭　馨	黄　浩	谢叶平	焦　令	潘广全

本书编写组由西南交通大学公共管理学院、成都市标准化研究院、成都市成华区市场监管局、成都市成华区卫生健康局、成都市成华区民政局、四川大学华西医院联合构成。包括：

西南交通大学：杨一帆　王双双　魏小凡　陈　璐
　　　　　　　叶永琼　王芷丹　韩　蕊

成都市标准化研究院：黄　浩　于乾靠　任　雁　刘建云
　　　　　　　　　　吴　颖　郭　馨　欧阳青燕
　　　　　　　　　　潘广全　邢慧洁

成都市成华区市场监管局：宋军

成都市成华区卫生健康局：谢叶平 李原松

成都市成华区民政局：王媛

四川大学华西医院：焦令

序

我国老龄化程度不断加深，这是经济社会持续发展、卫生医疗水平提高带来的自然结果。老年人的日益增长造成了对医疗和养老服务的新需求，同时也对及时调整相应的制度和政策安排提出了新要求。探索医养服务新模式，尽快改变过去医疗和养老分立、资源碎片化、服务不连续、质量不够高等问题，成为当务之急。

成都作为我国中西部地区的超大型国家中心城市，拥有超过 2200 万常住人口，其发展阶段和特征浓缩了中国最广大地区普遍面临的优质医疗资源紧张、社区服务资源短缺、专业照护力量不足等实际问题。其所辖的成华区作为成都的主城区之一，拥有近百万人口，老年人占比超过 20%，是全国唯一的国家级“医养联合基本公共服务标准化”试点地区。在此次试点中，成都成华区勇于直面问题，创造性提出并实践了涵盖“病有所医”“老有所养”“医养结合”三个方面的“医养联合”全新理念，既注重从理论到实践的推演，也重视对实践经验加以总结提炼并理论化，具有极高的理论和实践价值，对促进老龄健康事业和产业发展具有重要的意义。其中的许多观点和具体做法极富启发意义，比如：将 “医养联合”作为基本公共服务的重要内容；探索形成并推广应用一套具有地方特色又可学可鉴的医养联合基本公共服务标准体系、医养联合基本公共服务财政承受能力评估体系，以及医养联合基本公共服务能力和均等化评估体系。

更加值得赞赏的是本书的编写团队——西南交通大学、成都市标准化研究院、成都市成华区市场监管局、成都市成华区卫生健康局、成都市成华区民政局和四川大学华西医院组成的联合课题组。他们作为国家级智库和有影响力的地方科研机构，在试点项目从申请立项到高分结项的两年多时间里，同地方政府、有关部门以及各参与主体精诚合作，互相支持，不但成功克服了三年特殊困难和挑战，高水准地完成了试点任务，还精心创作编写了这本成果集《医养联合基本公共服务标准化的成都成华实践与经验》，生动刻画了实现医疗和养老服务深度融合的实施路径和关键环节。这无疑是国家基本公共服务标准化试点在专项领域的一次重要的经验总结和理论的系统集成。其内容安排和结构设计既符合医养联合基本公共服务的逻辑，又体现了医养联合基本公共服务的发展过程；既有理论的指导，又有实践的验证；既有总体的概述，又有具体的案例；力求做到全面而又深入，系统而又详实。本书的可读性很强，既适合从事医养服务工作的政府部门、社会组织、专业机构和个人阅读和参考，也适合对医养服务感兴趣的学者、研究者和普通读者阅读和学习。

在此，我谨代表中国老年学和老年医学学会，对本书的顺利出版表示热烈祝贺。这一重要成果必将启迪各方对医养联合基本公共服务更全面更深入的理解，并为推动这一事业高质量发展贡献新的智慧和力量。我郑重而热忱地把这本书推荐给大家，并以此共勉，祝愿我们在各自工作中取得新的成绩。

刘维林

中国老年学和老年医学学会会长

全国老龄委第一届专家委员会委员

2023 年 7 月于北京

前言 PREFACE

近年来，党中央、国务院高度重视医养服务工作。党的二十大报告提出：“实施积极应对人口老龄化国家战略，发展养老事业和养老产业，优化孤寡老人服务，推动实现全体老年人享有基本养老服务。”2021 年 5 月，中共中央政治局会议强调，要加快建设居家社区机构相协调、医养康养相结合的养老服务体系和健康支撑体系。

目前，我国患有慢性病的老年人超过 1.9 亿，失能和部分失能老年人约 4000 万。随着人口老龄化问题的日益凸显，我国传统的养老模式已经难以满足老年人群健康服务需求，“医疗机构不支持养老，养老机构不方便就医”成为一大痛点，这不仅增加了赡养老人家庭的经济负担，也加剧了医疗资源紧张。探索医养服务新路子，为老年人提供综合的、连续的、适宜的医养服务，成为必须回应和破解的重大民生问题。近年来，成华区深入践行“人民至上，健康至上”发展理念，大力实施“健康中国”战略，以推进医养服务供给侧结构性改革为主线，积极探索“医养联合标准化”新模式，建立健全医养联合的政策体系、供给体系、服务体系、标准体系，为全市、全省乃至全国输出了“医养联合标准化”成华样本，实现政治效应、经济效益、社会效果相得益彰，越来越多的老年人不仅“老有所依”，更能“老有所医”。因此，成华区获得了国家、省、市领导高度评价，先后荣获“全国基层中医药工作先进单位”“国家慢病综合防治示范区”“全省社区卫生服务示范区”等荣誉称号。

本书总结了成华区在推动医养联合基本公共服务标准化方面做出的创新探索，梳理了 10 个医养联合标准化实践案例。本书包括七章内容：前三章主要介绍成华区开展医养联合基本公共服务标准化试点的理论、政策和实践背景。其中，第一章介绍了基本公共服务的概念、基本内容及相关理论研究。从学界角度出发，对基本公共服务的供给研究作了比较全面的文献综述，也对国家基本公共服务标准中的基本公共服务九个方面做了比较详细的介绍，同时对成华区此次“医养联合标准化”重点关注的基本公共服务领域，即“病有所医、老有所养和医养结合”三个方面进行了较为详细的介绍。第二章从政策支撑体系、综合保障体系、服务供给体系、行业监管体系和需求评估体系出发，介绍了医养联合基本公共服务的制度体系。第三章介绍了医养联合基本公共服务标准化的建设现状，从标准化基础理论、基本公共服务标准化、医养联合基本公共服务标准化现状等三大方面进行介绍。第四章到第七章主要描述了成华区医养联合基本公共服务标准化的做法、成效，开展的相关评估及典型案例。第四章介绍了成华区基本情况以及在医养联合基本公共服务标准化实践方面所做的探索及取得的成效，总结归纳了成华区在实践过程中形成的可复制可推广的经验。第五章主要从财政承受能力的角度出发，评估成华区医养联合基本公共服务财政承受能力，介绍评估方法及评估结果。第六章由评价成华区医养联合基本公共服务能力和均等化建设水平两个评估报告组成，详细分析了成华区医养联合基本公共服务建设现状、工作成效与不足以及优化建议。第七章由成华区医养联合基本公共服务建设实践成效显著的 10 个案例组成，包括成华区第六人民医院、顾连护理站等在医养联合标准化建设方面取得的一些成就，形成的一系列“成华经验”，供有需要的地区参考。

本书编写工作具体分工如下：

第一章：王双双、魏小凡、陈璐

第二章：王双双、杨一帆、李原松

第三章：于乾靠、欧阳青燕、吴颖 、郭馨、潘广全

第四章：黄浩、谢叶平、宋军、王媛、刘建云、任雁

第五章：刘建云、任雁、邢慧洁

第六章：王双双、魏小凡、叶永琼

第七章：王双双、杨一帆、焦令、王芷丹、韩蕊

目录 CONTENTS

第一章

医养联合基本公共服务

一、基本公共服务概念与理论研究

（一）基本公共服务概念

高品质公共服务首先应是强调人人享有公平可及、安全稳定的城市民生保障，体现城市对市民的人文关怀，是有温度的公共服务。纵观全球，国内外成熟的城市往往把打造令人向往的品质生活高地作为提升城市发展能级、推进高质量发展的重要抓手，尤其是将高品质公共服务作为增强竞争力之本。

公共服务包括基本公共服务及非基本公共服务。基本公共服务是指建立在一定社会共识基础上，根据一国经济社会发展阶段和总体水平，为维持本国经济社会的稳定、基本的社会正义和凝聚力，保护个人最基本的生存权和发展权，为实现人的全面发展所需要的基本社会条件。基本公共服务是保障人民群众生存和发展需要的公共服务，以公益性为主要特征、以公共资源为主要支撑，是各级政府必须承担的责任。

基本公共服务关乎民生，连接民心，主要包括三个基本点：一是保障人类的基本生存权（或生存的基本需要），为了实现这个目标，需要政府及社会为每个人都提供基本就业保障、基本养老保障、基本生活保障等；二是满足基本尊严（或体面）和基本能力的需要，需要政府及社会为每个人都提供基本的教育和文化服务；三是满足基本健康的需要，需要政府及社会为每个人提供基本的健康保障。随着经济的发展和人民生活水平的提高，一个社会基本公共服务的范围会逐步扩展，水平也会逐步提高。

1. 基本公共服务的三个层次

十九届四中全会提出民生“七有”即“幼有所育、学有所教、劳有所得、病有所医、老有所养、住有所居、弱有所扶”，更强调民生的普惠性、基础性和兜底性。

首先，普惠性主要是指对象的普遍性、内容的全面性、过程的均等化以及质量的高标准。就“医养联合”层面，主要是指“病有所医、老有所养、医养结合”三方面覆盖对象的普遍性、所提供的各项基本公共服务的全面性以及市区内所有居民都能平等地享受高标准的基本公共服务。

其次，基础性主要是指内容的基本性、标准的适度性和民生服务中心下沉基层。如成华区提出的“医养联合”基本公共服务旨在满足成都市民众最基本的公共服务需求，以期在保障群众基本的生活需求的基础上更好地满足广大人民群众对美好生活的新需要。

最后，兜底性主要体现在最低工资制度、社会救助和精准扶贫三个方面。如成华区的“医养联合”基本公共服务的体现之一便是对失能人群的长期护理保障上，通过对参与长护险的有需求的居民进行失能评级并按等级进行长期护理保障，尽可能地为更多有需要的民众提供基本公共服务。

2. 基本公共服务的九个方面

2021 年 4 月，国家发改委等 21 个部门发布《国家基本公共服务标准（2021 年版）》，从“幼有所育、学有所教、劳有所得、病有所医、老有所养、住有所居、弱有所扶以及优军服务保障、文体服务保障”等 9 个方面明确了国家基本公共服务具体的保障范围和质量要求，包括 22 大类、80 个服务项目（幼有所育服务项目 9 项，学有所教 9 项，劳有所得 12 项，病有所医 16 项，老有所养 4 项，住有所居 3 项，弱有所扶 14 项，优军服务保障 4 项，文体服务保障 9 项），每个项目均明确了服务对象、服务内容、服务标准、支出责任和牵头负责单位。文件明确要求各地要结合实际抓紧制定本地区基本公共服务具体实施标准，与国家标准和行业标准规范充分衔接，进行财政承受能力评估，确保内容无缺项、人群全覆盖、标准不攀高、财力有保障、服务可持续。

幼有所育。包括优孕优生服务、儿童健康服务、儿童关爱服务。在优孕优生服务中，农村免费孕前优生健康检查指免费为农村计划怀孕夫妇每孩次提供 1 次孕前优生健康检查。在儿童健康服务中，预防接种指对适龄儿童按国家免疫规划疫苗免疫程序进行常规接种，按照《国家基本公共卫生服务规范（第三版）》及相应技术方案执行。在儿童关爱服务中，特殊儿童群体基本生活保障指为孤儿、艾滋病病毒感染儿童发放基本生活费。

学有所教。包括学前教育幼儿资助、义务教育服务、普通高中助学服务、中等职业教育助学服务。学前教育助学服务包括学前教育幼儿资助、义务教育阶段免除学杂费、免费提供教科书、义务教育家庭经济困难学生生活补助等。普通高中助学服务，包含普通高中国家助学金、普通高中免学杂费等。在中等职业教育助学服务中，政府为符合条件的中等职业教育在校生提供国家助学金。

劳有所得。包括就业创业服务、工伤失业保险服务。在就业创业服务中，主要包含就业信息服务、职业介绍、职业指导和创业开业指导、就业登记与失业登记、流动人员人事档案管理服务、就业见习服务、就业援助、职业技能培训、鉴定和生活费补贴、劳动关系协调、劳动用工保障等公共服务内容。工伤失业保险服务主要包含失业保险、工伤保险两类服务。

病有所医。包括公共卫生服务、医疗保险服务、计划生育扶助服务。公共卫生服务主要包含建立居民健康档案、健康教育与健康素养促进、传染病及突发公共卫生事件报告和处理、卫生监督协管服务、为城乡居民提供科普宣传、教育服务、慢性病患者健康管理、地方病患者健康管理、严重精神障碍患者健康管理、结核病患者健康管理、艾滋病病毒感染者和病人随访管理、社区易感染艾滋病高危行为人群干预、基本药物供应保障服务、食品药品安全保障等公共服务内容。医疗保险服务包括职工基本医疗保险、城乡居民基本医疗保险以及大病保险。计划生育扶助服务包括农村符合条件的计划生育家庭奖励扶助、计划生育家庭特别扶助。

老有所养。包括养老助老服务、养老保险服务。养老助老服务包括职工基本养老保险、城乡居民基本养老保险。

住有所居。包括公租房服务、住房改造服务。公租房服务主要包括公租房保障，具体标准由市、县级人民政府确定。住房改造服务包括城镇棚户区住房改造、农村危房改造。

弱有所扶。包括社会救助服务、公共法律服务、扶残助残服务。社会救助服务主要通过最低生活保障实现，最低生活保障标准由省、自治区、直辖市或者设区的市级人民政府按照当地居民生活必需的费用确定、公布，并根据当地经济社会发展水平和物价变动情况适时调整。社会救助还包括特困人员救助供养、医疗救助、临时救助、受灾人员救助服务。公共法律服务主要是法律援助服务。扶残助残服务主要包括困难残疾人生活补贴和重度残疾人护理补贴、无业重度残疾人最低生活保障、残疾人托养服务、残疾人康复服务、残疾儿童及青少年教育、残疾人职业培训和就业服务、残疾人文化体育服务、残疾人和老年人无障碍环境建设。

优军服务保障。优军优抚服务包括优待抚恤、退役军人安置、退役军人就业创业服务及特殊群体集中供养。

文体服务保障。包括公共文化服务、公共体育服务。公共文化服务包括公共文化设施免费开放、送戏曲下乡、收听广播、观看电视、观赏电影以及少数民族文化服务。公共体育服务主要保证公共体育设施开放以及全民健身服务。

3. 成都市探索实践

2019 年 2 月，成都市委、市政府发布《关于推进以利民便民为导向的基本公共服务清单标准管理和动态调整制度改革的试行意见》，坚持以利民便民为导向，对基本公共服务的内容和标准进行动态调整。这也是近 3 年来，成都市第三次开展基本公共服务清单标准调整。此次调整，不仅意味着成都市基本公共服务标准的数量、质量达 3 年之最，也标志着成都市推动基本公共服务均等化、普惠化又向前迈出了一大步。

2021 年 4 月，《国家基本公共服务标准（2021 年版）》出台后，各省市逐级落实。2021 年 8 月 16 日，《成都市基本公共服务标准（2021 年版）》正式发布，该标准按“七有”“两保障”，即

“幼有所育、学有所教、劳有所得、病有所医、老有所养、住有所居、弱有所扶、优军服务保障、文体服务保障”为统领，分九大类25小类，共104项服务。其中61项达到国家标准，23项高于国家标准，20项属成都市自有基本公共服务项目。

（二）基本公共服务的理论研究

有关基本公共服务的理论研究成果颇丰。正如社会公平概念的源远流长，对基本公共服务定义的阐述最早也可以追溯到古希腊时期著名的哲学家柏拉图及亚里士多德对城邦公正性问题的探索，其中就有对社会管理公共性问题的讨论，然而与现代基本公共服务意义接近的基本公共服务或公共物品的内涵，则是从18世纪开始。

近现代对于基本公共服务理论的讨论更加细化和全面，并较多地讨论公平性和均等化的问题。瑞典经济学家林达尔（1958）首次在《公平税收》一文中提到公共物品的概念，而对基本公共服务理论进行系统地阐述则是约翰·罗尔斯（2014）在《正义论》中呈现的，他在对社会正义理论进行论述时指出，财政理论与基本公共服务的平等主义倾向对促进基本公共服务实现均等化是有帮助的。

胡祖才（2010）指出政府提供的基本公共服务应是在社会经济的发展基础上为全体公民供给的、由其共同使用的、具有非竞争性与非排他性的和能为之实现基本生活要求的各项公共商品或服务，将基本公共服务综合整理为底线生存、基本安全、基本环境以及基本发展服务四个方面。[①]李清章（2016）对从古至今出现的我国基本公共服务的理论性内涵进行整理与归纳，认为基本公共服务供给的公平性是中国在新常态下追求社会平等、实现社会公平的价值目标体现，基本公共服务的历史演进经验对我国社会经济发展有着积极的借鉴意义。[②]何文炯（2022）探讨了基本公共服务是共同富裕的重要基础，并提出优化基本公共服务制度以促进共同富裕实现的进一步思考。[③]

此外，还有许多基本公共服务理论与公共财政相结合的研究。外国学者多从中央与地方政府事权划分，研究财政分权与公共服务间的关系。Tiebout（1956）研究地方政府公共服务供给时，发现当辖区内居民可自由选择某一辖区居住时，如果不同辖区政府提供公共服务和税收政策不同，居民则会综合考虑选择住所，即“用脚投票”。国内学者针对公共财政与基本公共服务水平的关系进行了本土化探讨。[④]例如，刘穷志（2007）指出通过现金补助、养老金转移收入、社会救济补贴等财政转移支付直接作用于微观个体且通过提供教育、健康医疗等基本公共服务可以提升基本公共服务供给效果。[⑤]

---

① 胡祖才. 关于促进基本公共服务均等化的若干思考[J]. 宏观经济管理，2010（8）：16-18.

② 李清章. 基本公共服务均等化：历史演变与现实借鉴[J]. 河北学刊，2016（02）：213-216.

③ 何文炯. 共同富裕视角下的基本公共服务制度优化[J]. 中国人口科学，2022（01）：2-15+126.

④ TIEBOUT, C. A pure theory of local expenditure [J]. Journal of Political Economy, 1956, 64（5）.

⑤ 刘穷志. 公共支出效率测度及数量优化：基于社会公平产出目标[J]. 南大商学评论，2007（02）：60-73.

（三）基本公共服务的供给研究

1. 基本公共服务供给机制方面

如何提升公共服务供给均等化水平，实现均等享有、便利可及，一直是学界讨论的热点问题。刘明德（2017）认为基本公共服务需要重视需求多样化，不能只是简单地追求数量均等[①]。臧乃康（2020）提出从不同维度进行服务统筹，统筹城乡基本公共服务，进而整合资源不断满足人民群众对美好生活的需要[②]。陈雪娟等（2022）从现代化进程角度出发，得出我国城乡基本公共服务应进一步融合发展，实现更高级阶段的跨越[③]。部分学者致力于探索测算基本服务均等化程度的工具，杨晓军等（2020）构建出一套城乡基本公共服务均等化指数，用来测度服务均等化的区域差异情况及主要来源，从而可以调整资产配置，有效促进资源合理利用[④]。也有学者通过实证研究得出当地基本公共服务水平，如余梦秋等（2017）以四川省为例，通过量化指标测算其基本公共服务水平及差异化程度，通过数据分析出基本公共服务均等化的差异程度与多种因素关系密切，主要包括地区经济发展水平、财政收入、城镇化率和人均可支配收入等。[⑤]

① 刘明德.基本公共服务均等化辨析[J]. 上海行政学院学报，2017，18（04）：71-82.

② 臧乃康. 建设统筹城乡民生保障制度的维度探析[J].南通大学学报（社会科学版），2020，36（05）：16-22.

③ 陈雪娟，胡怀国. 我国城乡基本公共服务的阶段性跨越——现代化进程中的透视[J]. 河北经贸大学学报，2022，43（03）：26-33.

④ 杨晓军，陈浩. 中国城乡基本公共服务均等化的区域差异及收敛性[J]. 数量经济技术研究. 2020，37（02）：127－145.

⑤ 余梦秋，陈悦之. 统筹城乡背景下基本公共服务均等化实现机制研究——以四川省为例.农村经济[J].2017（03）：20-25.

2. 基本公共服务供给问题方面

学者们普遍认为，我国基本公共服务目前仍面临地域间配置不均等、乡村供给不充足等问题。徐琴等（2015）认为城乡基本公共服务不均会造成一系列的消极影响，无论是经济领域还是社会领域，具体表现为农民消费动力不足、农民工无法自由流动、不利于社会公平正义的实现等问题[①]。张娟娟等（2016）进行系统化研究，发现在城乡基本公共服务中存在障碍性问题，主要包括在供给上城乡差距较大、在数量上存在不足、在供给主体上存在单一即主要由政府主导等问题[②]。李华等（2020）通过实证研究发现，我国各省市、区域基本公共服务供给水平明显提高，且各省市提高速度存在一定差别；供给水平呈较为明显的“东高西低”分布格局，并呈现增强趋势；供给结构存在明显的梯度效应[③]。张婵娟等（2020）通过对我国不同地区的 24 个农村地区进行实地调研，通过实证数据统计发现农村基本公共服务中存在供给不当、使用效率偏低等问题，并进一步梳理出存在的公共服务设施使用率不高、服务项目搁置、公共资源和资金浪费[④]等问题。

结合上述，对于基本公共服务的文献综述，可以发现目前的研究大体分为基本公共服务理论研究和基本公共服务供给研究两大方面。在基本公共服务理论研究中，近现代的研究更细致、全面，

① 徐琴. 我国城乡基本公共服务差异效应之反思[J]. 兰州学刊，2015（09）：203-208.

② 张娟娟，张贵孝. 新阶段的基本公共服务均等化研究[J]. 理论探讨，2016（06）：173-176.

③ 李华，董艳玲. 国基本公共服务均等化测度及趋势演进——基于高质量发展维度的研究[J]. 中国软科学，2020（10）:74-84.

④ 张婵娟，尚虎平. 农村基本公共服务“过犹不及”诱致的逆向不均等一面向东中西部 2 4 个乡村的实证探索[J]. 行政论坛，2020，27（06）：146-153.

且较多与公共财政相关。在基本公共服务供给研究中，国内外学者的研究常聚焦于公共产品、公共物品上，也有学者研究中国城乡差距，另有一些研究集中在其制约因素、价值导向、实现路径和研究方法上。总体来讲，从“供给侧”的层面进行研究分析较多，较少关注“需求侧”，对于医养结合方面的公共服务供给研究相对不足。

二、医养联合基本公共服务

2019 年，按照中共中央办公厅、国务院办公厅印发的《关于建立健全基本公共服务标准体系的指导意见》要求，国家市场监管总局、国家发改委、财政部决定在全国选择一批市、县开展国家基本公共服务标准化试点。成都市成华区人民政府高度重视，主动创建，全力争取，决定在病有所医、老有所养 2 个专项领域联合开展试点。同时，根据《新划入基本公共卫生服务相关工作规范（2019 年版）》要求，医养结合被纳入基本公共卫生服务。在试点申报时，成华区也将医养结合公共服务纳入了此次试点范围。因此，成华区试点工作主要包含“病有所医、老有所养、医养结合”三个领域。由于本次试点聚焦的是基本公共服务事项，诸如医养结合服务中的预防保健、疾病诊治、康护护理、安宁疗护等非基本公共服务部分便没有纳入试点中。

（一）“病有所医”基本公共服务

“健康是幸福生活最重要的指标。”习近平总书记这样论述健康之于生活和发展的重要意义。“没有全民健康，就没有全面小康。”保障全民健康的重要一环是实现“病有所医”，如今，全面小康已经实现，迈入“十四五”的新征程，习近平总书记进一步指出，让人民生活幸福是“国之大者”。

北京市在 2022 年 4 月发布了《北京市基本公共服务实施标准（2021 年版）》，其中提到，病有所医领域包括公共卫生、医疗保险、对执行原计划生育政策家庭扶助等 3 个方面 20 项服务，分别为建立居民健康档案、健康教育与健康素养促进、传染病及突发公共卫生事件报告和处理、卫生监督协管服务、慢性病患者健康管理、地方病患者健康管理、严重精神障碍患者健康管理、严重精神障碍患者免费服药、结核病患者健康管理、艾滋病病毒感染者和病人随访管理、社区易感染艾滋病高危行为人群干预、基本药物供应保障服务、社区全科门诊诊疗、院前医疗急救、食品药品安全保障、职业病防治、职工基本医疗保险、城乡居民基本医疗保险、对执行原计划生育政策农村部分计划生育家庭奖励扶助、对执行原计划生育政策计划生育家庭特别扶助。

广东省江门市《江门高新区（江海区）基本公共服务“十四五”规划》中明确提出，在病有所医方面，将为城乡居民提供安全、有效、方便、价廉的基本公共卫生和医疗服务，切实保障人民群众身体健康。预计到 2025 年，按照高水平综合三甲医院标准建设市中心医院新院区，总建筑面积约 33 万平方米，约 1500 张床位。建立健全江海区公共卫生服务体系项目，升级改造区人民医院和区中西医结合医院，提升辖区医疗救治能力；对基层医疗机构进行异地迁建或改扩建，强化防控能力。推进基层医疗卫生机构提质增效工程，强化基层卫生人员知识储备和培训演练。

成华区在“病有所医”领域主要聚焦公共卫生服务、医疗保险服务、计划生育扶助服务和婚前医学检查服务，服务对象是成华区内全年龄人群。其中，公共卫生服务包括建立居民健康档案、健康教育与健康素养促进、传染病及突发公共卫生事件报告和处理、卫生监督协管服务、慢性病患者健康管理、地方病患者健康管理、严重精神障碍患者健康管理、结核病患者健康管理、艾滋病病毒感染者和病人随访管理、社区易感染艾滋病高危行为人群干预、基本药物供应保障服务、基本药物供应保障服务以及药品安全保障等13 个细分领域。医疗保险服务包括城镇职工基本医疗保险和城乡居民基本医疗保险。计划生育扶助服务和婚前医学检查服务再无细分领域。

尽管各地在病有所医基本公共服务关注的具体项目稍有差异，但国家、省级部门对“病有所医”这一领域的关注度有增无减，要想更好地实现“病有所医”，就要在基层上下大功夫，落实好各项惠民政策为人民群众提供全方位的医疗保障，全面提升卫生健康服务能力。

（二）“老有所养”基本公共服务

“老吾老以及人之老”，孝老爱亲是中华民族的传统美德。老有所养，是许多家庭关切的“家事”，也是事关国家发展的“国事”。老有所养是老年人依靠社会和家庭能够得到所需的生活照顾和经济、物质保证。现阶段老有所养的基本含义主要包括两个方面：（1）老年人需要的经济、物质生活条件基本得到保证；（2）老年人在日趋衰老或因病痛生活不能自理时，应得到社会或家庭的帮助和照顾。相比“十三五”时期的基本公共服务规划，《“十四五”公共服务规划》中关于养老服务的内容篇幅大幅增加，系统性进一步提升，引领性也进一步增强。

上海市是全国最早进入老龄化的城市，在“老有所养”方面积极作为，践行着积极应对人口老龄化的“中国方案”。具体来讲，上海市持续完善社会保险和优抚制度，持续扩大职工基本养老保险覆盖面，进一步完善职工养老保险养老金计发办法，健全城乡居保养老金调整机制，稳步提高养老保险待遇水平，预计到 2025 年，上海市城镇职工基本养老保险参保人数将达到 1700 万人。

北京市老有所养领域包括养老助老、养老保险等 2 个方面 5 项服务，主要包括老年人健康管理、老年健康与医养结合服务管理、养老服务补贴津贴、职工基本养老保险、城乡居民基本养老保险[①]。

广东省江门市在老有所养方面的目标[②]是为老年人提供基本养老服务，保障老年人安享晚年生活。2022 年，新建城区、新建居住（小）区按照每百户不低于 20 m^2 的标准配套建设养老服务设施。旧城区和已建住宅小区按照每百户不低于 15 m^2 的标准，通过新建、改建、购置、置换和租赁等方式完成配置。到 2025 年，社区日间照料机构覆盖率达到 90%以上；“十四五”期间，力争建成江海区府西小区公共配套设施等不少于 3 个居家社区养老服务示范站点。持续深入开展江海区“共建一个家”困境家庭旧房改造项目，树立公益品牌，2023 年实现辖区分散供养特困人员、孤老低保户等特殊困难长者住房改造全覆盖，全面优化困难长者安享晚年居住环境。

成华区在“老有所养”领域主要聚焦养老助老服务和养老保

① 北京市基本公共服务实施标准（2021 年版）[EB/OL]. (2022-04-27). http://www.gov.cn/xinwen/2022-04/27/content_5687467.htm。

② 参见《江门高新区（江海区）基本公共服务“十四五”规划》。

险服务，服务对象是老年群体。养老助老服务包含老年人健康管理和老年人福利补贴两个细分领域。其中，老年人居家和社区养老补贴标准为 50-500 每人每月不等，机构养老补贴标准在居家和社区养老补贴标准基础 上每月增加 200 元，高龄津贴发放标准 60-600 元不等；养老保险服务包含职工基本养老保险和城乡居民基本养老保险两个细分领域。

未来 5 年是基本养老服务体系建设的关键时期，也是积极应对人口老龄化的窗口机遇期，必须深入贯彻落实党的二十大精神，贯彻落实党中央关于推动全体老年人享有基本养老服务的决策部署，坚持稳中求进总基调，着力在“补短板、强弱项、固底板、扬优势”上下功夫，加快建成覆盖全体老年人、权责清晰、保障适度、可持续的基本养老服务体系。

（三）“医养结合”基本公共服务

进入老龄化社会以来，与“银发浪潮”相伴而行的还有高龄化、空巢化、失能化、少子化等老龄人口面临的现实困境。医养结合是在人口老龄化现状与新人口政策背景下提出的，并于 2019 年纳入国家基本公共卫生服务项目。成华区在“医养结合”领域主要聚焦老年人健康评估与健康服务、居家老年人医养结合服务和长期照护保险服务 3 项，服务对象是老年和失能群体。

进入推动共同富裕的新时代，基本公共服务体系建设需要寻求更高水平的均等化，着重关注社会弱势群体的公共服务供给有效性问题。为实现健康老龄化的目标，我国早在“十三五”规划中就提出“到 2020 年，居家为基础、社区为依托、机构为补充、医养相结合的养老服务体系更加健全”。医养结合作为集医疗、护理、康复和基础养老设施、生活照料、无障碍活动为一体的养老模式，其优势在于能够突破一般医疗和养老的分离状态，将传统养老与现代医疗有机结合，将医疗服务、生活照料服务、健康康复和临终关怀等整合以提供一体化的医养结合服务，从而满足老年人的整体养老需求。

自 2015 年起全面启动医养结合工作以来，我国医养结合的相关研究快速增加，成为社会科学的研究热点。有学者指出，医养结合养老服务创新既符合实际需求，又有助于基本养老服务体系建设。“医养结合”作为“病有所医”与“老有所养”有机结合的新型养老服务模式，打破了医疗与养老互相独立的长期分割格局，其创新逻辑集中体现为“医”“养”两种资源相向而进的连续过程。“医”包括门诊服务、日常体检、专家咨询、康复理疗等，“养”包括起居照料、精神慰藉、娱乐活动等。其将医疗和养老资源相结合，满足高龄、空巢、患病老年人的医疗与养老服务需求，有利于提高生活质量，减轻家庭负担，是未来养老服务的发展趋势之一。

成都市深入推进医养结合服务，主要从三个方面入手①。一是做强“医疗+照护”服务。聚焦阿尔茨海默等重点、难点老年病，结合传统中医康复技术和现代康复治疗手段，建强老年医学重点专科；打造“生活照料+疾病护理+职业爱心”的专业照护管理体系，培养专业实用型护理员 2 万余名，最大限度提升老年人健康服务获得感。二是打造新型医疗服务模式。建设“健康管理、养老、医疗、照护、临终关怀、培训”医护康养一体化的新型医疗服务模式；创新成立“关爱老人·情暖夕阳”志愿联盟，全市长期稳定

① 四川省卫健委.成都市深入推进医养结合发展[EB/OL].(2021-04-11). http://wsjkw.sc.gov.cn/scwsjkw/szzsdwdt/2021/4/12/41501d8c22054f42a45257cc30679ac9.shtml

志愿者达 1 万余名。三是创新构建医养联合协作体。与护理院、养老机构和日间照料中心等近 40 家机构签约，建立起“社区医养结合站点”，开通绿色就医通道，形成医养结合网状体系，把医养结合服务延伸到基层和社区，让高质量医养结合健康服务惠及更多老年人。

医养结合的发展时间较短，发展前景广阔，但也存在一些现实困境亟待突破。总的来讲，医养结合与基本公共服务彼此无法分割，两者之间应形成一种有效路径来使提高老年照护保障质量的目标更好地实现。

第二章

医养联合基本公共服务的制度体系

“十四五”时期，我国人口老龄化程度将进一步加深。积极应对人口老龄化，提高养老服务质量，不只关乎一个老年人、一个家庭的“小幸福”，更是关乎国家发展全局、亿万百姓福祉、社会和谐稳定的“大民生”。党的二十大报告提出，“实施积极应对人口老龄化国家战略，发展养老事业和养老产业，优化孤寡老人服务，推动实现全体老年人享有基本养老服务”“促进优质医疗资源扩容和区域均衡布局，坚持预防为主，加强重大慢性病健康管理，提高基层防病治病和健康管理能力。”提高基层防病治病和健康管理能力，是解决群众看病就医难点痛点、积极应对人口老龄化的需要。

“医养联合”是成华区提出的概念，成华区医养联合基本公共服务标准化专项试点主要聚焦在“病有所医、老有所养和医养结合”三个层面。本章主要从政策支撑体系、综合保障体系、服务供给体系、行业监管体系和需求评估体系出发，系统梳理和呈现成华区医养联合基本公共服务标准化试点的政策背景和制度体系基础。

一、政策支撑体系

党中央、国务院高度重视医养结合工作，党的十八大以来作出一系列重大决策部署，医养结合的政策体系不断完善、服务能力不断提升，人民群众获得感不断增强。2005 年，党的十六届五中全会就提出了“公共服务均等化”的原则。2011 年，国民经济与社会发展第十二个五年规划纲要中第一次提出“把基本公共服务制度作为公共产品向全民提供”，同时编制了第一个国家基本公共服务体系五年规划（《国家基本公共服务体系“十二五”规划》），第一次明确给出基本公共服务的定义，即建立在一定社会共识基础上，由政府主导提供的，与经济社会发展水平和阶段相适应，旨在保障全体公民生存和发展基本需求的公共服务；明确规定享有基本公共服务属于公民的权利，提供基本公共服务是政府的职责。第一次对基本公共服务的范围、标准、均等化和基本公共服务体系进行了初步界定。为方便读者进一步深入了解“病有所医、老有所养及医养结合”发展历程，本节梳理了国家和省级层面的相关政策文件。

（一）“病有所医”相关政策

2009 年 4 月，国务院发布《中央国务院关于深化医药卫生体制改革的意见》，提出减轻居民就医费用负担和建立健全覆盖城乡居民的基本医疗卫生制度等目标。7 月，卫生部、财政部、人口计生委联合发布《关于促进基本公共卫生服务逐步均等化的意见》，提出到 2011 年国家基本公共卫生服务项目得到普及，城乡和地区间公共卫生服务差距明显缩小。10 月，卫生部发布《国家基本公共卫生服务规范（2009 年版）》为城乡基层医疗卫生机构向居民免费提供基本公共卫生服务提供参考依据。

2011 年 4 月，卫生部发布《国家基本公共卫生服务规范（2011 年版）》，将内容扩大到了包括孕产妇、老年人、传染病及突发公共卫生事件等方面。

2013 年 9 月，卫生部发布《国家基本公共卫生服务规范（2013 版）》，新增“婚前保健和中医健康管理”。

2015 年 12 月，财政部、卫计委、食品药品监管总局、中医药局发布《公共卫生服务补助资金管理暂行办法》，明确基本公共卫生服务项目补助资金的相关内容和实施方式。

2016 年 1 月，国务院发布《关于整合城乡居民基本医疗保险制度的意见》，提出突出整合制度政策，实行“六统一”；突出理顺管理体制，整合经办机构，提供城乡一体化经办服务；突出提升服务效能，实现逐步过渡和平稳并轨，建立城乡统一的居民基本医疗保险制度。

2016 年 12 月，国务院发布《“十三五”深化医药卫生体制改革规划》，提出在分级诊疗、现代医院管理、全民医保等方面取得新突破。

2017 年 2 月，国家卫生计生委发布《国家基本公共卫生服务规范（第三版）》，对有关服务规范内容进行了修改完善。8 月，国家卫生计生委基层司发布《国家基本公共卫生服务项目统计调查制度》，加强对基本公共卫生服务项目的统计和监测工作。

随着社会力量参与医疗服务领域的日益增多，2017 年 5 月，国务院发布《关于支持社会力量提供多层次多样化医疗服务的意见》，增强非基本医疗卫生服务领域市场活力，加快推进医疗服务领域供给侧结构性改革。拓展多层次多样化服务，积极发展个性化就医服务，瞄准精准个体化医疗，提高市场开放程度。

2018 年 7 月，国务院发布《关于印发医疗卫生领域中央与地方财政事权和支出责任划分改革方案的通知》，将国家基本公共卫生服务项目和相关项目合并为基本公共卫生服务。

2018 年 7 月，国务院发布《关于改革完善医疗卫生行业综合监管制度的指导意见》，要求到 2020 年，建立职责明确、分工协作、科学有效的综合监管制度，健全机构自治、行业自律、政府监管、社会监督相结合的多元化综合监管体系。

2019 年 7 月，财政部、国家卫生健康委、国家医疗保障局、国家中医药局发布《关于印发基本公共卫生服务等 5 项补助资金管理办法的通知》，列支了职业病防治工作作为专项项目并加大其经费投入。9 月，国家卫生健康委发布《新划入基本公共卫生服务相关工作规范（2019 年版）》，将包括医养结合在内的 19 项工作划入基本公共卫生服务。11 月，国家卫生健康委办公厅发布《关于县级疾病预防控制等专业公共卫生机构指导基层开展基本公共卫生服务的通知》，要求县级疾病预防控制等专业公共卫生机构负责指导、培训相关基本公共卫生服务。

2020 年 2 月，国务院发布《关于深化医疗保障制度改革的意见》，完善医药服务价格形成机制。建立以市场为主导的药品、医用耗材价格形成机制，建立全国交易价格信息共享机制。治理药品、高值医用耗材价格虚高。完善医疗服务项目准入制度，加快审核新增医疗服务价格项目，建立价格科学确定、动态调整机制，持续优化医疗服务价格结构。

2020 年 6 月，《基本医疗卫生与健康促进法》正式实施，这是我国卫生与健康领域第一部基础性、综合性法律。该法在基本医疗卫生服务、医疗卫生机构和人员、药品供应保障、健康促进、资金保障、监督管理和法律责任等方面都作了具体规范。

2021 年 4 月，国务院发布《关于建立健全职工基本医疗保险门诊共济保障机制的指导意见》，提出增强门诊共济保障功能；改进个人账户计入办法；规范个人账户使用范围；加强监督管理；完善与门诊共济保障相适应的付费机制等主要措施。9 月，国务院办公厅发布《"十四五"全民医疗保障规划》，提出到 2025 年，医疗保障制度更加成熟定型，基本完成待遇保障、筹资运行、医保支付、基金监管等重要机制和医药服务供给、医保管理服务等关键领域的改革任务，医疗保障政策规范化、管理精细化、服务便捷化、改革协同化程度明显提升。11 月，国务院办公厅发布《关于健全重特大疾病医疗保险和救助制度的意见》，提出聚焦减轻困难群众重特大疾病医疗费用负担，建立健全防范和化解因病致贫返贫长效机制，强化基本医保、大病保险、医疗救助综合保障。

2021 年 6 月，国务院发布《关于印发深化医药卫生体制改革 2021 年重点工作任务的通知》，将推动老年健康服务体系建设、增加医养结合服务纳入其中。

2022 年 3 月，国家卫生健康委、财政部、人力资源社会保障部、国家医保局、国家中医药局、国家疾控局联合发布《关于推进家庭医生签约服务高质量发展的指导意见》，旨在优先考虑体现分级诊疗和技术劳务价值高的医疗服务项目，在医疗服务价格动态调整中促进就近就医。同时，推进基层医疗卫生机构门诊就医按人头付费，引导群众主动在基层就诊，促进签约居民更多利用基层医疗卫生服务。

2022 年 4 月，财政部、卫计委、食品药品监管总局、中医药局发布《关于修订基本公共卫生服务等 5 项补助资金管理办法的通知》，提出基本公共卫生服务支出责任实行中央分档分担办法，再次强调资金使用方向。

2023 年 2 月，国务院办公厅发布《关于进一步深化改革促进乡村医疗卫生体系健康发展的意见》，该政策以基层为重点，以体制机制改革为驱动，加快县域优质医疗卫生资源扩容和均衡布局，推动重心下移和资源下沉。

2023 年 3 月，国务院办公厅发布《关于进一步完善医疗卫生服务体系的意见》，达到促进优质医疗资源扩容和区域均衡布局、发展公共卫生和基层服务、加强机构管理和分工协作、优化服务提供等目标，深化体制机制改革。

（二）“老有所养”相关政策

2013 年 9 月，国务院出台《关于加快发展养老服务业的若干意见》，提出“老有所养”的目标，即政府通过简政放权、创新体制机制等多种方式鼓励社会力量参与养老服务事业，大力推动居家社区养老生活，健全完善的养老服务供给体系，以满足多样化需求。

2014 年 2 月，国务院出台《国务院关于建立统一的城乡居民基本养老保险制度的意见》，合并城镇居民社会养老保险和新型农村社会养老保险，建立全国统一的城乡居民基本养老保险制度，这是实现“老有所养”目标的一项重要措施。

2016 年 12 月，国务院出台《关于全面放开养老服务市场提升养老服务质量的若干意见》，提出全面放开养老服务市场，大力提升居家社区养老生活品质，全面建设优质养老服务供给体系，加强监管和组织实施等系列措施，旨在促进养老服务业的发展，促进经济升级转型。

2017 年 2 月，国务院办公厅出台《“十三五”国家老龄事业发展和养老体系建设规划》，明确到 2020 年，将提高老龄事业的水平，逐步完善养老体系，加强综合应对人口老龄化战略，并且规范和支持商业养老保险的建设。

2019 年 4 月，国务院办公厅印发《关于推进养老服务发展的意见》，提出深化放管服改革，拓宽养老服务投融资渠道，扩大养老服务就业创业，促进养老服务消费，促进养老服务基础设施建设，进一步壮大养老服务产业的发展，服务更多需要的老年人。

2020 年 11 月，国务院办公厅出台《关于建立健全养老服务综合监管制度促进养老服务高质量发展的意见》，进一步加强养老服务市场监管，建立健全养老服务综合监管制度，提高政策保障能力，优化营商环境，引导和激励养老服务机构诚信守法经营，为广大老年人提供更好的服务。12 月，国务院办公厅出台《关于促进养老托育服务健康发展的意见》，积极推动养老服务机构服务创新，完善监管体系，建立健全政策和制度保障，打造发展环境，并持续加强养老服务基础设施建设。

2021 年 4 月，国家发展改革委会同教育部、卫生健康委等 20 个部门共同发布《国家基本公共服务标准（2021 年版）》，为老年人提供能力综合评估、养老服务补贴、高龄津贴等服务。

2022 年 4 月，国务院办公厅发布《关于推动个人养老金发展的意见》，建立个人账户，旨在促进个人养老金的发展，完善中国养老体系建设。

（三）“医养结合”相关政策

2013 年 9 月，国务院发布《关于加快发展养老服务业的若干意见》，首次明确提出“积极推进医疗卫生与养老服务相结合，探索医疗机构与养老机构合作新模式”。这是医养结合政策的第一步。

2015 年 11 月，国务院转发九部委《关于推进医疗卫生与养老服务相结合的指导意见》，要求建立健全医疗卫生机构与养老机构合作机制，采取多种形式实现医疗卫生与养老服务融合发展。该文件进一步落实和细化了医养结合政策，并提出行动方案。

2016 年 5 月，国家卫计委和民政部联合发布《关于遴选国家级医养结合试点单位的通知》。截至当年 9 月，已分两批确定 90 个市（区）作为国家级医养结合试点单位。该文件确认了各试点城市，促进地方政府积极推动医养结合工作实施。

2016 年 6 月，民政部、国家发改委联合发布《民政事业发展第十三个五年规划》。该文件明确提出要建立健全医养结合体制机制和政策法规，把医养结合体制机制建设和改革试点工作提上重要议程。

2017 年 3 月，国务院发布《“十三五”国家老龄事业发展和养老体系建设规划》，再次把推进医养结合作为“十三五”国家养老体系建设的重要任务，明确提出“护理型床位占当地养老床位总数的比例不低于 30%”的发展目标。5 月，国务院办公厅发布《关于印发深化医药卫生体制改革 2017 年重点工作任务的通知》，要求继续推动国家级医养结合试点工作，推进社区居家层面医养结合，并启动中医药健康养老工作。此外，该文件还提到推动健康和相关行业融合发展，推进健康医疗旅游示范基地建设。9 月，中共中央、国务院发布《关于开展质量提升行动的指导意见》，要求完善以居家为基础、社区为依托、机构为补充、医养相结合的多层次、智能化养老服务体系。

2019 年 7 月，国务院发布《关于实施健康中国行动的意见》，要求健全老年健康服务体系，完善居家和社区养老政策，推进医养结合，探索长期护理保险制度，打造老年宜居环境，实现健康老龄化。11 月，中共中央、国务院印发《国家积极应对人口老龄化中长期规划》，明确提出积极推进健康中国建设，建立和完善包括健康教育、预防保健、疾病诊治、康复护理、长期照护、安宁疗护的综合、连续老年健康服务体系。健全以居家为基础、社区为依托、机构充分发展、医养有机结合的多层次养老服务体系，多渠道、多领域扩大适老产品和服务供给，提升产品和服务质量。

2020 年 6 月，国务院发布《国务院办公厅关于促进养老托育服务健康发展的意见》，指出深化医养有机结合，有效利用社区卫生服务机构、乡镇卫生院等基层医疗资源，开展社区医养结合能力提升行动。7 月，国务院办公厅发布《关于印发深化医药卫生体制改革 2020 年下半年重点工作任务的通知》，提出要制定医养结合机构管理指南，实施社区医养结合能力提升工程。

2021 年 6 月，国务院办公厅发布《关于印发深化医药卫生体制改革 2021 年重点工作任务的通知》，把推动老年健康服务体系建设，增加医养结合服务供给纳入其中。11 月，中共中央、国务院印发《关于加强新时代老龄工作的意见》，提出要构建居家社区机构相协调、医养康养相结合的养老服务体系和健康支撑体系，大力发展普惠型养老服务，促进资源均衡配置。

2022 年 2 月，国务院印发《国家老龄事业发展和养老服务体系规划》，明确提出支持社会力量建设专业化、规模化、医养结合能力突出的养老机构，推动其在长期照护服务标准规范完善、专业人才培养储备等方面发挥示范引领作用。7 月，国家卫生健康委员会颁布《关于进一步推进医养结合发展的指导意见》，针对医养结合领域政策支持、服务能力、人才建设等方面存在的难点堵点问题，在 6 大方面 15 条细则发力，以推进医养结合，优化老年健康和养老服务供给。8 月，国家卫生健康委员会等 11 个部门共同发布《关于进一步推进医养结合发展的指导意见》，提出发展居家社区医养结合服务的目标，推动机构深入开展医养结合服务，完善支持政策，加强引才育才等举措，进一步加强对医养结合的政策和服务支持。

二、综合保障体系

（一）资金保障

稳定、持续的资金支持是“病有所医、老有所养、医养结合”健康发展的重要保证。考虑到模式的可持续性，资金保障体系是否科学合理是建设现代化医养服务体系中举足轻重的问题。制度化、多元化、公平合理的资金保障体系是医养服务机构顺利运营和持续发展的前提，有效稳定的资金支持不仅能够提高服务质量和供给效率，而且有利于进一步激发服务市场活力，推动宏观医养服务体系的创新和发展。近年来，我国政府针对社会保险、政府补助、商业保险三大方面发展政策，切实保障医养服务体系的可持续发展。

1. 社会保险

社会保险是医养结合资金体系的根本保障。与医养结合养老服务相关的社会保险包括基本医疗保险和长期照护保险，完善相应的健康保险制度对医养结合服务体系的建设极为重要。在目前实施长期护理保险试点的地区，长期护理保险是老年人购买医养结合服务的重要资金来源，对于减轻家庭和个人长期护理的经济负担发挥显著作用。目前，我国医养结合服务对象尚以失能、半失能老年人为重点，长期护理保险是其资金保障体系的一大重要来源，是对医保的重要补充。

2016 年，成都市作为第一批开展长护险试点的城市之一，率先在全国开展长护险试点。2022 年 7 月，成都又开启了新一轮长护险改革，此次改革，长护险的受益面将更广、等待期更短、服务精准性也将更强。不仅如此，自 2023 年 1 月 1 日起，学生儿童（含大学生）也将纳入参保范围，实现长护险全龄覆盖。

2. 政府补贴

政府对“医养结合”养老机构的费用补贴和政策优惠是养老机构运营资金的另一主要来源。目前，各地政府对医养结合机构的补贴主要集中在床位建设补贴、护理（运营）补贴、机构等级评定补助、试点专项补贴、机构延伸服务补贴以及税费减免、取消行政事业性收费等方面。

对于政府补贴，各地虽然措施类似，都有一次性建设补贴、床位补贴和运营补贴，但政府支持力度存在很大的差异。一些地区在实践中不断创新，以各级政府财政和彩票公益金作为补贴资金，鼓励医养结合队伍建设、医养结合优质服务、以奖代补鼓励连锁运营等方面，推动医养服务进一步融合发展。

以成都市为例，在床位补贴上，对新建养老机构，每张床位一次性建设补贴12000元；对改（扩）建的养老机构，按照每张床位8000元补贴；按照每人每月150元的标准给予床位补贴；在运营补贴上，对符合条件的老年人在助医、社区日间照料、老年康复、护理、精神慰藉等产生的费用，按等级分类补助50元、300元、500元，入住养老机构的可增加200元/月。在保险补贴上，责任保险标准保费为150元/床/年，公办养老机构由市财政全额补贴，市财政按照标准保费的80%给予补贴。在特色补贴上，成都市政府给予一定的租金补贴，按照房屋实际使用面积给予房租补贴三年：一环路以内0.5元/天·m^2；一环路到二环路之间0.45元/天·m^2；二环路到三环路之间0.4元/天·m^2；三环路以外0.3元/天·m^2。

3. 商业保险

医养结合服务体系的健康发展离不开市场参与，商业保险在医养结合中的地位越来越重要。目前，商业保险行业对医养结合服务体系的资金保障有三条主要途径：一是商业保险机构直接投资建设医养结合服务设施；二是商业保险机构针对老年人推出意外伤害保险产品、长期护理保险产品等；三是通过向其他医养结合机构提供综合责任保险来保障机构资金安全，减少机构运营风险。

我国一直致力于为鼓励保险行业开发医疗和养老保险产品创造良好的政策空间。2016年，全国老龄办、民政部、财政部、中国保监会四部门联合印发《关于开展老年人意外伤害保险工作的指导意见》，提出政府引导、市场运作、体现公益、投保自愿等四项原则，引导市场推出老年人意外伤害商业保险、长期照护商业保险、养老机构综合责任保险等商业险种产品，医养结合商业保险如火如荼发展起来。老年人意外伤害险是目前最常见的医养结合保险产品，目前全国约有 27 个省市地区政府推行老年人意外伤害保险。成都市相关产品名称为“松鹤延年意外伤害及健康保险”，70 岁以上由政府支付，其余自费。

（二）管理体制保障

医养结合的管理体制指国家医养结合事业发展的宏观调控、资源配置和组织管理的制度安排，包括国家立法、政府规划、融资体制、生产组织和服务机构等。在我国，民政部是主管国家养老事业的行政部门，负责协调老龄事业和老龄产业与国家宏观经济和社会发展的关系，做好科学决策、监督管理和公共服务，既充分调动和发挥各方面的积极性，又拓宽听取意见和建议的渠道，充分借助社会的智慧和力量，推动养老服务体系建设。

《国家基本公共服务标准（2021 年版）》明确提出要切实强化责任担当，要求各级各地人民政府将基本公共服务标准实施作为民生保障的重点任务，开展基本公共服务达标行动。各级各地发改委要牵头会同相关行业主管部门，统筹做好本地区基本公共服务标准落实工作。

为切实做好四川省基本公共卫生服务项目工作，四川省卫健委发布《关于做好 2020 年基本公共卫生服务项目工作的通知》，明确省卫健委成立基本公共卫生服务项目协调工作组。四川各地要结合实际，参照省级模式成立基本公卫项目协调工作组，在新形势下进一步加强对基本公共卫生项目的管理，提高项目实施的科学性和有效性。

三、服务供给体系

目前，我国已经初步建立了以居家为基础、社区依托、机构为支撑的养老服务体系。早在“十一五”计划中，上海就提出“9073”的养老配置。实践得出，从老年人的生命周期去看 9073 更符合实际：90%身心健康状态时间在家中/社区，7%身心需要康复和活动（不一定是身体不好）的时光在社区，生命最后需缓和护理的 3%时光在机构。四川省已形成养老办医、医疗办养、养护结合的服务模式，基本打破了“养老不医护”“治病不养老”的现状。在居家社区养老服务方面，国家鼓励支持有条件的医疗卫生机构为居家失能（含失智，下同）、慢性病、高龄、残疾等行动不便或确有困难的老年人提供家庭病床、上门巡诊等居家医疗服务。同时，积极鼓励使用互联网，为有需求的老年人提供便利的居家医疗服务。实施社区医养结合能力提升行动，重点为失能、慢性病、高龄、残疾等行动不便或确有困难的老年人提供医养结合服务。

在推动机构深入开展医养结合服务方面，各省、市主要是支持医疗卫生机构开展医养结合服务以及提升养老机构医养结合服务能力。一是鼓励医疗卫生机构依法依规在养老服务机构设立医疗服务站点，提供嵌入式医疗卫生服务。二是推动医疗卫生机构将上门医疗服务向养老机构拓展，为符合条件的入住养老机构的老年人提供家庭病床、上门巡诊等服务。三是推动养老机构改造增加护理型床位和设施，支持社会力量建设专业化、规模化、医养结合能力突出的养老机构，主要接收需要长期护理的失能老年人。四是支持养老机构、医疗卫生机构开展签约合作，为养老机构提供预约就诊绿色通道、上门巡诊等服务，做实合作机制和内容，提高医养结合签约服务质量。五是鼓励大型或主要接收失能老年人的养老机构内部设置医疗卫生机构，支持内设医疗卫生机构加强能力建设，提升诊疗服务质量。

（一）五种主要的服务模式

1. 医养结合

医养结合是一种新型养老模式，将实现现代医疗服务技术与养老保障模式有效结合，是“有病治病、无病疗养”养老保障模式的创新，已成为政府、社会高度关注热点。医养结合机构是指具有专业医疗卫生和养老服务资质和能力的医疗卫生与养老服务相结合的机构。截止 2022 年，仅成都市成华区就有 11 家医养结合机构。

2. 养老机构设医疗机构

主要包括自建和引入外部医疗机构两种方式。其中，自建医疗机构指养老机构根据相关准入标准，开设经卫生部门批准的医疗科室或医养结合型机构，养老床位数量为 100 张以下的养老机构可内设医务室或护理站，养老床位数量达到 100 张以上的养老机构可申请开办护理院或康复医院；对于不具备自建条件但医疗服务需求较突出的养老机构，可与符合要求的外部医疗机构签订合作协议，委托外部医疗机构提供健康咨询、医生巡诊、双向转诊等医疗服务。养老机构签约医疗机构这类型模式较多，养老机构通过和医疗机构签约合作实现医疗服务，即养老机构与医疗机构签订合作协议，由医疗机构定期派医护人员到养老机构巡诊并提供医疗服务。例如，北京金泰颐寿轩养老院就由北京市第二医院就每周定期派遣医生通过巡展进行医疗服务。

养老机构自建医疗机构，受学科建设、专家团队组建、服务辐射能力等限制，实现公立医院或专科特色医院的服务能力和盈利能力比较困难。主要定位是承担对养老机构入住老年人的院内协同服务，其次是周边社区的基础医疗服务。不同级别的养老机构根据自身的能力设置不同级别医疗服务机构或提供不同方式的医疗服务。

3.医疗机构设养老机构

医疗机构设养老机构包括医疗机构通过创办和增设两种方式设立养老机构。其中，自建养老机构指医疗机构根据相关标准，申请开办医养结合型机构；对于不具备自建条件但养老服务需求较突出的医疗机构，可与符合要求的外部养老机构签订合作协议，委托外部养老机构提供养老服务；若与社区养老服务中心合作，则属于医联体－社区养老联合体模式。目前，医疗机构增设养老床位这种模式较少，主要原因是政府办医疗机构一床难求，普遍缺乏增设养老服务的动力以及有可能由于床位性质不清晰而带来潜在的风险。但部分企业下属职工医院，如矿区职工医院等，因主业发展原因，有转型养老的可能，但也需要政策驱使。

4. 医联体-社区养老联合体

医联体与养老机构签署合作协议，建立医养联合体。医联体可定期到社区养老机构巡诊，提供健康咨询、常规体检，以及将康复期的老年患者转至社区养老机构。社区养老机构老年人出现紧急健康状况时，医联体向老年患者开通就诊绿色通道，进行紧急救治。目前，四川华西医院、成都市八医院等在与社区联合开展医养结合服务上已取得一定的成效。

5. 社区居家养老服务机构

社区居家养老服务机构是指依法登记注册从事社区居家养老服务活动，为本社区或周边社区的老年人提供日托、短托及上门服务的基层养老服务中心，如社区健康服务中心、老年人日间照料中心、居家养老服务中心等。社区在提供养老服务和基本医疗服务上发挥着越来越重要的作用。通过社区养老服务驿站、社区护理站、社区嵌入型养老机构、社区卫生服务站等服务载体，以家庭病床的形式开展居家上门服务，向居家老年人提供健康管理、康复护理、专业护理、生活照料服务等。也有通过互联网平台模式，如护加家“互联网+护理服务”平台，开展上门照护的模式。这样的模式初期运营投入小，给依托家庭床位享受专业服务的家庭带来服务便捷和支付的实惠。

依托社区开展“家庭病床”服务，将家庭床位变得更安全、更适老，以满足社区养老、居家养老的硬件条件，衍生了社区适老化改造，家庭适老化改造的服务新业态。目前适老化改造市场的整体情况与居家社区养老服务市场类似，主要由政府付费进行老旧社区无障碍改造，或政府买单由养老机构进行独居老年人的居家上门巡视。通过服务模式的创新，让老年人的健康需求不只依靠医院途径解决，而力求能在养老机构甚至家中就可以很好地解决，实现养老服务的三级服务体系构建。

依托社区还可以推进居家养老模式中的医养结合。上级医院专科医师和社区卫生服务中心全科医生、健康管理师共同组建团队为社区居家养老服务机构提供服务。通过社区养老服务中心与医联体的资源对接与共享，与老年人家庭建立签约服务关系，为本社区或周边社区的老年人提供生活照料、家庭病床、心理咨询、健康管理和双向转诊等连续性医疗保健服务和养老护理服务。

（二）人才供给

1. 人才培养培训

近年来，成都市先后举办全市人社系统管理人员培训班和两期失能评定专家暨评估员师资培训班，有效提高了成都市长期照护保险的整体经办服务能力，为失能评定工作客观、公正开展提供人才支撑。成华区以成华区第六人民医院示范实训基地为载体，打造医养护理员教学基地，为全区养老护理员、居家老年人陪护员、长护险评估员提供岗前培训、在岗轮训。

2. 人才激励奖励

人社部、民政部等高度重视养老服务人才培训工作，为参与培训的机构提供培训补贴和鉴定补贴，调动各级培训机构养老服务从业人员参与培训和鉴定工作的积极性。地方政府也在积极探索，如北京市民政局印发《关于加强养老服务人才队伍建设的意见》，出台养老人才优待政策，“护理员干得好可留京养老”，并从养老从业人员的社会地位、薪酬补贴、培养晋升、落户优待、登记注册层面完善制度，扩大行业人才来源和人才供给；成都市出台相关政策进行人才激励，成都市民政局，成都市财政局和成都市人力资源和社会保障局联合印发《关于明确养老服务人才奖励政策的通知》，对连续从事养老护理工作满三年的护理员，在职业技能竞赛中获得名次的护理员，以及为特定人员提供工作岗位的养老机构进行奖励。

3. 人才评价评定

我国虽已基本形成学历教育和职业培训为主的养老服务人才开发体系，但专业和课程设置与市场需求尚有差距，且市场上培训机构繁杂，师资队伍和培训质量参差不齐。一方面，人才供给难以满足社会需求；另一方面，医养人才队伍的水平和规模难以提升。特别是养老服务的工作质量尚无统一标准与行业规范，导致行业人力资源技能水平参差不齐。

4. 人才战略实践

目前，成都市成华区就此进行了一些探索。2021 年，成华区成立了由 24 名业内专家、高校学者、养老机构从业者等构成的成都市成华区养老服务专家智库，协助制定相关政策法规并提供合理化建议，常态化开展专项行动计划等工作，为成华区“银发事业”提供强大的人才支持、智力支持和平台支撑，有效提升养老服务专业化、标准化水平，推进成华区养老服务业高质量发展。2022 年，成华区民政局组织了第三届“最美养老机构院长”“十佳护理员”暨“优秀养老护理员”评选，进一步提升了成华区养老服务行业职业化水平，增强养老服务从业人员队伍从业职业荣誉感，营造了良好社会氛围。

四、行业监管体系

对于医养结合的管理，主要从提升居家养老的医疗卫生服务水平、夯实社区医养结合服务基础、优化医养结合机构空间布局和资源配置、推动医养结合产业升级、强化创建工作保障方面进行落实。

（一）监管体系方面

国家对开展医养结合服务的医疗机构、养老机构的监管责任不断明晰，监管体系建设不断加强。《关于深入推进医养结合发展的若干意见》中提到，医养结合服务的监管由卫生健康行政部门（含中医药主管部门，下同）牵头负责、民政部门配合。医养结合机构中的医疗卫生机构和养老机构分别由卫生健康行政部门和民政部门负责进行行业监管。国家卫健委会同民政部等部门制定监管和考核办法，加大对医养结合服务质量考核检查力度，把医疗床位和家庭病床增加等情况纳入考核。

（二）监管责任方面

国家研究制定医养结合机构服务指南和管理指南。各医养结合机构要严格执行医疗卫生及养老服务相关法律、法规、规章和标准、规范，建立健全相关规章制度和人员岗位责任制度，严格落实消防安全责任和各项安全制度。对于提供基本医疗服务的机构，严格按照 2022 版《社区卫生服务中心能力标准》对各项服务进行监督和管理。

（三）监管服务方面

2022 年 7 月印发的《关于进一步推进医养结合发展的指导意见》在对医养结合服务的监管上，管理体制更加清晰。指导意见明确指出，国家卫生健康委、民政部、市场监管总局、国家疾控局等按职责分工负责，要将医养结合服务纳入医疗卫生行业、养老服务行业综合监管和质量工作考核内容，将养老机构内设医疗卫生机构纳入医疗卫生机构“双随机、一公开”监督抽查范围，将医疗卫生机构开展养老服务纳入养老机构“双随机、一公开”监督抽查范围，引导相关机构持续优化医养结合服务。

（四）监管机制方面

各相关部门应强化信息共享，健全各司其职、各负其责、相互配合、齐抓共管的协同监管机制，着力推动解决影响养老服务质量安全的突出问题。2020 年 11 月，国务院办公厅印发《关于建立健全养老服务综合监管制度促进养老服务高质量发展的意见》，指出要加强质量安全监管，加大对建筑、消防、食品、医疗卫生等重点环节的监督检查，引导养老服务机构落实安全责任，主动防范消除安全风险和隐患。加强从业人员监管，引导从业人员提升服务质量和水平，依法依规从严惩处养老服务机构欺老、虐老等侵害老年人合法权益的行为。加强涉及资金监管，加大对使用财政资金项目的跟踪审计，加强对政府购买养老服务、养老机构医保基金使用的监督管理，依法打击养老服务机构以养老服务为名的非法集资活动。加强运营秩序监管，依法打击无证无照从事养老服务的行为。加强突发事件应对，建立完善工作机制，引导养老服务机构增强风险防范意识和应对处置能力。

五、需求评估体系

在全国建立起统一的失能等级评估标准，不仅能够更好保障失能人员公平享有长期护理保险待遇的权力，还能更好规范和精准提供长期护理服务。在更好地实现“医养结合”公共服务的发展上，也起着十分重要的作用。对于不同身体状况的老年人，医养结合服务不仅能在老年人失能后帮助其维持功能状态、提高生活质量，更能在老年人失能前发挥及早识别、分类干预的作用。

（一）国家层面

2021 年 7 月，国家医保局会同民政部拟制了《长期护理失能等级评估标准（试行）》，并强调各试点地区要从促进标准统一性、待遇均衡性、制度公平性方面充分认识统一规范长期护理失能等级评估工作的重要性，加强对《评估标准（试行）》的实施应用。

（二）地方层面

2020 年 5 月，成都市医保局印发《成都市城乡居民长期照护保险实施细则》，在国家、省医保部门未颁布失能评定标准前，成都市医保局、财政局、人社局及税务局按照《成都市长期照护保险成人失能综合评估规范》及《成都市长期照护保险失能评估技术规范（失智）》进行评定。根据失能程度分为重度失能、中度失能和轻度失能。其中重度失能分为重度失能一级、重度失能二级、重度失能三级 3 个等级。

成都市卫健委、成都市民政局积极推动在医养服务、入住养老机构、长期护理保险等领域的实施应用。2022 年 10 月，成都市卫健委、市民政局、市医保局共同制定并由成都市卫健委印发《成都市失能照护需求评估标准（试行）》（成卫健〔2022〕47 号），该

《标准（试行）》具体内容包括基本信息的采集、失能及照护风险评分表以及失能及照护风险等级划分表。

第三章

医养联合基本公共服务标准化建设现状

一、标准化基础理论

习近平总书记强调，标准是人类文明进步的成果。伴随着经济全球化深入发展，标准化在便利经贸往来、支撑产业发展、促进科技进步、规范社会治理中的作用日益凸显。标准已成为世界“通用语言”。世界需要标准协同发展，标准促进世界互联互通。标准决定质量，有什么样的标准就有什么样的质量，只有高标准才有高质量。

（一）基础概念解析

1. 标 准

标准是指通过标准化活动，按照规定的程序经协商一致制定，为各种活动或其结果提供规则、指南或特性，供共同使用和重复使用的文件（GB/T 20000.1-2014《标准化工作指南 第1部分：标准化和相关活动的通用术语》)。第一，标准宜以科学、技术和经验的综合成果为基础。第二，规定的程序指制定标准的机构颁布的标准制定程序。第三，诸如国际标准、区域标准、国家标准等，由于它们可以公开获得以及必要时通过修正或修订保持与最新技术水平同步，因此它们被视为构成了公认的技术规则。其他层次上通过的标准，诸如团体标准，企业标准等，在地域上可影响几个国家。

标准是标准化的一大核心内容，它贯穿于整个标准化活动过程，是标准化的直观产物，也是标准化贯彻实施的技术依据。标准主要依据《中华人民共和国标准化法》、GB/T 24421《服务业组织标准化工作指南》系列标准、GB/T 13016《标准体系构建原则和要求》等进行编制。标准按制定主体分为国家标准、行业标准、地方标准、团体标准和企业标准。其中国家标准、行业标准和地方标准属于政府主导制定的标准，团体标准和企业标准属于市场自主制定的标准。标准按实施效力分为强制性标准和推荐性标准。强制性标准一般仅有国家标准一级，《中华人民共和国标准化法》第十条另有规定的除外，如 GB 38600-2019《养老机构服务安全基本规范》等。推荐性标准包括推荐性国家标准、行业标准、地方标准，如 GB/T 31597-2022《城乡居民基本养老保险服务规范》、MZ/T 184-2021《养老机构老年人营养状况评价和监测服务规范》、DB37/T 4581-2023《家庭养老床位设置与服务要求》等。

2. 标准化

标准化是指为了在既定范围内获得最佳秩序，促进共同效益，对现实问题或潜在问题确立共同使用和重复使用的条款以及编制、发布和应用文件的活动（GB/T 20000.1-2014《标准化工作指南 第 1 部分：标准化和相关活动的通用术语》)。第一，标准化活动确立的条款，可形成标准化文件，包括标准和其他标准化文件。第二，标准化的主要效益在于为了产品、过程或服务的预期目的改进它们的适用性，促进贸易、交流以及技术合作。

标准化不是一个孤立的事物，而是一个活动过程，主要是对实际问题或潜在问题确立共同使用和重复使用的条款以及编制、发布和应用文件的过程。这是一个不断循环、螺旋式上升的运动过程；每完成一个循环，标准的水平就提高一步，标准化对象也完成一次质的飞跃。标准化的作用体现在方方面面，如在保障健康、安全、环保等方面，标准化具有底线作用；在促进经济转型升级、提质增效等方面，标准化具有规制作用；在促进医养、旅游、商业等服务质量提升等方面，标准化具有引领作用：在促进社会治理、公共服务等方面，标准化具有支撑作用；在促进国际贸易、技术交流等方面，标准化具有通行证作用。

（二）标准实施与改进

《中华人民共和国标准化法》第三条指出，标准化工作的任务是制定标准、组织实施标准及对标准制定、实施的过程进行监督。标准实施是标准化工作能够落地见效的必要条件，是指把标准文本中的规范性、约束性条款应用到实际工作中。其实质是利用标准的规范、调节、约束、控制功能，在一定范围内将标准凝聚的科学方法和先进经验有组织、有计划、有措施地应用推广，以达到一定范围内的最佳秩序状态。一项标准只有通过有效实施，经过实践检验，才能达到制定标准的目标要求，发挥应有作用。因此，为了确保基本公共服务标准化工作取得实效，不但需要高质量地研制标准，更需要高质量地实施应用标准。

1. 标准实施内容

《国家基本公共服务标准（2021 年版）》《四川省基本公共服务标准（2021 年版）》《成都市基本公共服务标准（2021 年版）》等涵盖了病有所医、老有所养、幼有所育、弱有所扶等 9 大领域，涉及到的实施主体包括教育、卫生、民政、医保、人社、市场监管等基本公共服务提供机构。各实施主体实施的基本公共服务标准按实施内容又可分为设施建设类标准、设备配置类标准、人员配备类标准、服务管理类标准。

对于设施建设类标准，各标准实施主体应按照标准要求，规范基本公共服务基础设施建设，提高建设项目决策和建设水平，合理确定建设规模，做好相关建设项目的申报、审批、建设、验收等工作，并配齐与基本公共服务实施相关的各类水电基础设施等，保证建设项目安全建设与管理，满足基本公共服务功能需要，有效提高基本公共服务能力。

对于设备配置类标准，各标准实施主体应按照标准要求，做好对基本公共服务场所需要的各类设备的采购、安装及定期维护保养等工作，保证提供的基本公共服务安全、便捷与高效。

对于人员配备类标准，各标准实施主体应根据各自领域的基本公共服务范围、服务内容、服务要求等配备一定数量、专业相符的专（兼）职服务人员，建立起人员岗位工作手册，定期组织服务人员参加与服务技能提升、服务标准实施相关的各类培训实践，并根据岗位工作要求进行考核与动态调整，保证人员能力与基本公共服务岗位要求的合理匹配。

对于服务管理类标准，各标准实施主体应按标准要求，对所提供的基本公共服务做好服务告知、服务受理、服务审核、服务办理、服务监督、服务考核与评价等工作，确保人民群众对提供的基本公共服务获得感和满意度的不断提升。

2. 标准实施要求

一是做好实施保障工作。各标准实施主体应根据不同的标准来确定标准实施的范围和责任主体，并提前做好标准实施所需的人员、物资和经费保障。

二是加强标准培训宣贯。各标准实施主体可通过参加基本公共服务标准化培训及内部自学、集中学习相结合的方式对涉及自身的服务内容、工作标准进行学习和掌握，营造实施标准的良好氛围。

三是建立标准实施监督机制。各标准实施主体应将标准实施情况纳入业务部门日常检查范围，组织专人针对标准的实施落实情况开展定期专项检查和不定期的抽查。

四是定期组织标准实施评价。以结果为导向来评判标准实施方法的适用性，进而对标准文本的编制质量进行追溯，持续推动基本公共服务标准化建设科学、规范、高效。

五是持续改进和完善标准。将标准化实践过程中好的经验做法运用到下一个改进循环中，固化为标准实施的经验成果；当在标准实施中发现问题时，应及时采取纠正措施，为后续标准制（修）订积累经验，推动标准持续改进。

3. 标准实施步骤

表 3-1 标准实施步骤

序号	实施项目	实施内容
一	制定计划	各标准实施主体根据各自归口的标准制定详细的实施计划，主要包括标准实施的范围、内容、责任人、时间安排、应达到的要求和目标等内容
二	实施准备	各标准实施主体应做好标准实施的准备工作，包括组织准备、技术准备、物资准备、人员准备，必要时可制定相应的标准作业指导书、实施细则或操作规程等
三	执行标准	各标准实施主体应组织开展标准规范的学习培训，做好培训记录，促进各标准责任岗位人员了解、掌握并执行相应的标准
四	监督检查	各标准实施主体应组织开展定期专项检查和不定期的抽查，检查结果形成记录。对标准实施存在的问题，及时采取改进措施，并指导实施主体解决问题，建立起实施标准情况的信息反馈机制
五	实施总结	各标准实施主体应定期以会议形式对前一阶段标准实施情况进行阶段性总结，提出存在的问题，并拟定下一步标准实施的意见和建议
六	实施评价	各标准实施主体应针对标准的符合性、科学性、实施效果等开展标准实施评价，编制实施评价报告，并提出标准制（修）订计划

二、基本公共服务标准化现状

（一）国家层面

2018 年 10 月，中共中央办公厅、国务院办公厅印发《关于建立健全基本公共服务标准体系的指导意见》，明确要以标准化的手段来优化基本公共服务资源配置、规范服务流程、提升服务质量、明确权责关系、创新治理方式，并对以标准化推进基本公共服务均等化、普惠化、便捷化作出了具体要求。

2019 年 7 月，国家市场监管总局、国家发展改革委、财政部联合印发《关于开展国家基本公共服务标准化试点工作的通知》，决定在全国范围内开展国家基本公共服务标准化试点项目，形成一批可复制可推广的经验并在全国推广。

2020 年 3 月，市场监管总局、国家发展改革委、财政部联合下发《关于下达国家基本公共服务标准化试点项目的通知》，明确试点计划执行时间原则为两年，要求试点市、县人民政府严格按照中共中央办公厅、国务院办公厅《关于建立健全基本公共服务标准体系的指导意见》确定的基本公共服务领域，结合国家基本公共服务清单以及相关行业标准规范，梳理本地区基本公共服务事项，编制基本公共服务标准规范，建立基本公共服务标准实施监测动态调整等长效机制，不断提高基层服务机构标准化管理水平。首批试点覆盖北京、天津、河北、山西、吉林、黑龙江、上海、江苏、浙江、安徽、山东、河南、湖南、广东、广西、四川、贵州、陕西、甘肃、青海、宁夏等 21 个省、自治区、直辖市，共计开展综合试点、专项试点、区域协调联动试点等共计 51 个试点（见表 3-2）。

表 3-2 全国首批基本公共服务标准化试点

序号	省份	试点名称
1	北京	通武廊医疗卫生协调联动基本公共服务标准化试点
2		北京市西城区巡视探访基本公共服务标准化专项试点
3		北京市丰台区养老服务基本公共服务标准化专项试点
4	天津	通武廊医疗卫生协调联动基本公共服务标准化试点
5		天津市和平区教育系统小学基本公共服务标准化专项试点
6	河北	通武廊医疗卫生协调联动基本公共服务标准化试点
7		迁安市基本公共服务标准化专项试点
8	吉林	晋城市基本公共服务标准化专项试点
9	山西	东丰县文化基本公共服务标准化专项试点

续表

序号	省份	试点名称
10	哈尔滨	哈尔滨市残疾人基本公共服务标准化专项试点
11		北安市教育基本公共服务标准化专项试点
12	上海	上海市浦东新区基本公共服务“15分钟服务圈”资源配置标准化专项试点
13	江苏	泰州市基本公共服务标准化综合试点
14		江阴市社会联动救助基本公共服务标准化专项试点
15		如皋市基本公共服务标准化专项试点
16		苏州市吴江区老有所养基本公共服务标准化专项试点
17	浙江	慈溪市农村医疗基本公共服务标准化专项试点
18		海盐县基本公共服务标准化综合试点
19		湖州市民政高质量发展基本公共服务标准化专项试点
20		舟山市普陀区基本公共服务标准化专项试点
21	安徽	合肥市文化服务保障基本公共服务标准化专项试点
22		合肥市公共教育基本公共服务标准化专项试点
23		合肥市残疾儿童康复基本公共服务标准化专项试点
24	山东	日照市东港区基本公共服务标准化综合试点
25		青岛市城阳区基本公共服务标准化综合试点
26		长岛综合试验区基本公共服务标准化综合试点
27		博兴县基本公共服务标准化专项试点
28	河南	许昌市基本公共服务标准化综合试点
29		焦作市公共教育基本公共服务标准化专项试点
30		荥阳市养老基本公共服务标准化专项试点
31		兰考县基本公共服务标准化专项试点
32	湖南	常德市基本公共服务标准化综合试点
33		永州市双牌县养老服务联合体建设专项试点
34	广东	深圳市福田区基本公共服务标准化综合试点
35		广州市越秀区基本公共服务标准化综合试点

续表

序号	省份	试点名称
36		清远市医疗卫生基本公共服务标准化专项试点
37		佛山市南海区养老基本公共服务标准化专项试点
38	广西	田阳县住有所居、弱有所扶基本公共服务标准化专项试点
39		象州县病有所医基本公共服务标准化专项试点
40	四川	成都市高新区基本公共服务标准化综合试点
41		成都市新都区基本公共服务标准化专项试点
42		成都市成华区医养联合基本公共服务标准化专项试点
43		成都市锦江区基本公共服务标准化专项试点
44	贵州	余庆县医疗卫生基本公共服务标准化专项试点
45		黔西南州易地扶贫搬迁“新市民计划”基本公共服务标准化专项试点
46		大方县奢香古镇易地搬迁安置基本公共服务标准化专项试点
47	陕西	乾县基本公共服务标准化专项试点
48	甘肃	金昌市金川区优军服务基本公共服务标准化专项试点
49	青海	海晏县基本公共服务标准化综合试点
50	宁夏	银川市社会保险基本公共服务标准化专项试点
51		石嘴山市大武口区基本公共就业服务标准化专项试点

1. 国家制度方面

2021 年 4 月，国家发改委等 21 个部门发布《国家基本公共服务标准（2021 年版）》，从“幼有所育、学有所教、劳有所得、病有所医、老有所养、住有所居、弱有所扶以及优军服务保障、文体服务保障”等 9 个方面明确了国家基本公共服务具体保障范围和质量要求，明确了基本公共服务的底线标准，是健全完善国家基本公共服务体系的基础性工作，有利于推动统筹城乡的民生保障制度更加成熟定型，有利于推进国家治理体系和治理能力现代化。《国家基本公共服务标准（2021 年版）》是健全国家基本公共服务标准体系的基础标准，为各行业主管部门完善本领域的相关服务标准规范、各地确定本地区的实施标准、基层服务机构实行标准化服务流程管理提供了重要依据，有利于推动在全国范围内实现基本公共服务标准化供给，逐步实现全体人民群众无论身在何处，都能够公平可及地获得大致均等的基本公共服务，共建共享改革发展成果。2021 年 7 月，国家基本公共服务标准化试点经验交流现场会在成都召开，全国与会代表齐聚一堂，共同交流探讨，携手以标准化现代治理方式提升城市基本公共服务水平，不断满足人民群众日益增长的美好生活需要。

2. 国家标准方面

由中国标准化研究院、国家发改委社会发展研究所等牵头组织起草的《基本公共服务标准化工作指南》《基本公共服务均等化评价通则》《县乡政府基本公共服务标准体系建设指南》《基本公共服务标准实施评估指南》等国家标准目前正在制定过程中，这些标准的制定和实施将进一步回答基本公共服务标准化建什么、怎么建、如何发挥作用的问题。

（二）行业层面

基本公共服务标准化在“幼有所育、学有所教、劳有所得、病有所医、老有所养、住有所居、弱有所扶以及优军服务保障、文体服务保障”等领域发展不均衡，在病有所医、文化体育保障等领域国家行业相关标准数量较多，覆盖范围较广。“病有所医”领域就制定了《医院智慧服务分级评估标准体系（试行）》；“老有所养”领域制定了《养老服务标准体系建设指南》和 MZ/T 170-2021《养老机构服务标准体系建设指南》；“文体服务保障”领域制定了 CY/T 179-2019《专业内容数字阅读技术标准体系表》等。这些标准体系的建立，进一步夯实了基本公共服务标准体系顶层设计，有效促进基本公共服务满足人民群众多层次、多样化的需求。

（三）地方层面

一是佛山市南海区依托养老基本公共服务标准化专项试点建立起“通用基础”“服务提供”“支撑保障”和“服务评价”四个标准子体系互相支撑、互为补充、协调配套的养老基本公共服务标准体系，出台涉及 17 大领域、71 项服务项目的南海区养老服务三项清单、养老基本公共服务标准化管理办法等实施机制，组织制定南海区指导性技术文件及团体标准 65 项，系统指导和推进养老基本公共服务标准化工作。二是北京市通州区联合天津市武清区、河北省廊坊市在医疗卫生区域协调联动标准化领域开展深度合作，采用国家标准、行业标准、地方标准等各级标准共 123 项，确定代谢性疾病基本公共服务关键协同标准目录，健全系统全面、层次分明、衔接配套、科学适用的三地代谢性疾病基本公共服务协同标准体系，推动代谢性疾病防控与管理基本公共服务实现区域覆盖、制度统筹、信息共享、标准协同。三是广州市越秀区通过组建 11 个标准化技术研讨小组，开展一线走访调研，挖掘区域特色标准，构建出涵盖 140 个基本公共服务事项、351 项服务标准的特色标准体系框架，进一步补齐基本公共服务短板弱项，促进基本公共服务均等化、普惠化、便捷化水平持续提高。四是成都市积极推进以利民便民为导向的基本公共服务清单标准管理和动态调整制度改革，研究形成《成都市基本公共服务监测指标体系》，初步形成“服务监测—效能评估—动态调整”闭环流程。

三、医养联合基本公共服务标准化现状

据第七次全国人口普查数据显示，我国目前已有 149 个城市 65 岁及以上人口占比超过 14%。积极应对人口老龄化，提高医养服务质量，不只是关乎一个老年人、一个家庭的“小幸福”，它更是关乎国家发展全局、亿万百姓福祉、社会和谐稳定的“大民生”。为积极引导医养服务标准化、规范化发展，相关部门陆续发布了《关于加快发展养老服务业的若干意见》《关于推进医疗卫生与养老服务相结合的指导意见》《关于全面加强老年健康服务工作的通知》等文件，从老年健康服务、老年护理服务、老年人就医绿色通道、医养机构服务质量提升、医养结合示范省建设、医疗保障等多方面为老年人医养服务提供了政策支撑和保障。特别是在医养服务领域积极推动标准化建设，出台了《医养结合机构管理指南（试行）》等标准，对医养服务标准化建设中的许多重要问题给出了具体指导，引导我国医养服务向着规范化、专业化、便民化方向发展。

（一）标准化技术委员会建设情况

我国医养服务标准化建设还处于起步上升阶段，尚未建立全国性的医养联合或医养结合服务标准化技术委员会，目前只有全国服务标准化技术委员会（TC 264）、全国社会福利服务标准化技术

委员会（TC 315）等一些相关的标准化技术委员会在从事相关医养服务标准化工作。在地方层面，四川省医养结合科学研究会、辽宁省医养结合标准化技术委员会等一批机构积极组织开展医养结合标准化工作，并取得了积极成效。

（二）标准体系建设情况

在医养服务标准体系建设方面，尚无全国性的医养服务标准体系，民政部《养老服务标准体系建设指南》仅将健康管理、医疗护理、安宁服务等医养结合内容纳入服务维度中。地方层面则做了多种探索，有侧重于具体医养结合技术服务体系建设的，如四川省《医养结合服务老年医学技术标准体系》；有将医养结合内容融入养老机构标准体系中的，如西藏自治区《养老机构标准体系建设指南》，广西壮族自治区《养老机构服务标准体系建设指南》等；有将医养结合内容融入养老服务标准化体系中的，如辽宁省《养老服务标准化体系建设指南》、陕西省《养老服务标准体系建设规划（2020-2024 年）》等；山西省太原市则探索建立了较为全面的医养结合标准体系，出台了《太原市医养结合标准体系》。

（三）标准制定实施情况

1. 东部地区

2015 年以来，广东省颁布了一系列支撑养老服务规范化发展的地方标准，一是机构设施设备建设标准，如《广东省养老机构规范化建设指引》等；二是服务提供标准，如《社区居家养老服务规范》《养老机构服务规范 临终关怀》《养老机构社会工作服务规范》等。2017 年 10 月，黑龙江省发布地方标准《医养结合服务质量规范 医疗机构》，分别从护理服务、健康咨询服务、疾病诊治、健康检查服务、大病康复服务、精神心理服务、临终关怀服务等方面提出要求。2018 年 11 月，江苏省泰州市发布地方标准《养老机构医养结合服务规范》，从养老机构医养融合模式下的多方面内容进行了明确和规范。2018 年 11 月，福建省发布地方标准《医养结合养老机构基本服务规范》，为福建未来医养结合服务的适应性、规范性和多样性发展奠定了标准化基础。2022 年 8 月，深圳市发布实施《社会保险经办服务规范 第 1 部分：职工基本养老保险》《社会保险经办服务规范 第 2 部分：城乡居民基本养老保险》等地方标准，指导基本养老保险服务规范化开展，还对基本养老保险服务的监督与管理提出具体要求。

2. 中部地区

2017 年 4 月，河南省发布地方标准《医养结合机构服务规范》，对医养结合机构类型、养老机构设医疗结构、医疗机构设养老机构、医养联合体的服务要求、服务质量评价与改进进行了规定。2017 年 5 月，山西省发布地方标准《医疗与养老结合基本服务规范》，对山西省现有的 3 种医养结合模式的一般要求、服务要求和内容以及对开展医养结合养老服务机构的评价等进行了规定。2017 年 6 月，湖北省发布地方标准《养老机构服务质量规范》《养老机构护理员日常服务操作规范》《养老机构老年人日常护理精细化服务流程》《养老机构常见服务风险防控基本规范》《居家养老服务通则》，对养老机构每项服务的质量控制、改进与评审作出了具体要求，对养老机构护理员日常服务操作进行了规范，对各类服务项目进行了程序化的规定。2019 年 4 月，湖南省发布地方标准

《养老机构岗位设置及人员配置指南》《养老机构老年人文化娱乐服务规范》《养老机构老年人精神慰藉服务规范》，对规范养老机构服务规范化发展，保障养老机构老年人和养老机构的权利，培养养老服务业人才队伍起到良好促进作用。2021 年 6 月，江西省发布《江西省老年医院基本标准（试行）（2021 版）》，从床位、科室设置、人员配备、房屋建筑、设施设备等方面对老年医院作出明确规定。2021 年，太原市发布《太原市医养结合标准体系》，该体系以老龄社会对医养结合服务的需求为重点，有效促进医养结合各类机构科学化、规范化管理，专业化、精细化服务。2022 年 3 月，河南省发布《河南省医养结合机构服务质量评价标准（试行）》，建立完善医养结合服务质量标准和评价体系，促进医养结合机构标准化、制度化、规范化和专业化建设。

3. 西部地区

总体来讲，整个西部地区在养老服务标准化领域不断探索，但真正涉及医养服务标准化建设的内容仍是少数。2016 年 2 月，内蒙古自治区施行《内蒙古自治区居家养老服务管理办法》，推动建立满足居家老年人生活护理、心理咨询、精神慰藉等多种养老服务需求的模式。2018 年 6 月，四川省印发《四川省医养结合服务机构服务规范（试行）》，对医养结合机构的服务模式进行分类，并针对 4 种不同的服务模式提出了相应的机构设置要求。2019 年 11 月，云南省发布《云南省养老机构照护标准（试行）》，明确了老年人能力评估、分级照护和照护质量评价标准。2020 年 10 月，西藏自治区拉萨市达孜区五保集中供养服务中心建立了以通用基础标准、服务保障标准、服务提供标准、岗位操作标准相配套的养老服务标准体系，制定了相关标准规范 124 项。2022 年 3 月，贵州省发布地方标准《老年人照护需求等级评定规范》《养老机构等级划分与评定规范》《居家社区养老服务质量日常监测评价规范》《养老机构服务质量日常监测规范》《农村特困供养机构（敬老院）服务规范》，进一步填补了贵州省养老服务标准体系空缺。

（四）标准化活动开展情况

在医养服务标准化活动开展方面，国家陆续组织开展了医养结合标准化试点工作，如成都市成华区医养联合基本公共服务标准化试点、辽宁沈阳医养结合服务标准化试点、燕达国际健康城医养结合养老服务标准化试点等，探索形成了一批可复制、可推广的医养结合标准化服务经验。河北、山东等省份组织召开医养结合标准化建设论坛，共商医养结合标准化发展路径。广东、四川等多地积极运用报纸、新媒体、电视等媒介宣传医养结合标准化实践成果，营造出医养结合标准化建设良好氛围。

第四章

成华区医养联合基本公共服务标准化实践

一、成华区基本情况

成都市成华区辖区面积 109.3 平方公里，据第七次人口普查数据显示，成华区现有常住人口 138.19 万人，人口密度 12643 人/平方公里，60 岁以上人口占 17.37%，其中，65 岁以上老年人中失能、失智、半失能达 13%。全区人口老龄化具有人口基数大、增长快、高龄人口比例大的特点。抓好、做实医养领域基本公共服务成为成华区实现人民群众幸福美好生活的关键环节。

成华区全面贯彻以人民为中心的发展思想，践行“城市让生活更美好”的初心使命，围绕“幸福美好生活十大工程”建设要求，组织卫健、民政、人社、医保等为老服务部门，按照“政府主导、部门联动、社会参与、群众受益”的工作思路，积极推动医养资源融合联动发展，初步形成了基层医养机构（社区卫生服务中心、养老综合体、日照中心等），社区居家医养、民营医疗机构

（颐连、龙湖等），社区康疗、公立医院（区中医医院等）医养联动、多元发展新格局。

2020 年 3 月，国家市场监督管理总局、国家发展改革委员会和财政部共同印发《关于下达国家基本公共服务标准化试点项目的通知》，确定成都市成华区医养联合基本公共服务标准化专项试点为首批国家基本公共服务标准化试点项目之一，也是全国唯一涵盖病有所医、老有所养、医养结合领域全部内容的专项试点。

二、成华区医养联合基本公共服务标准化探索

成华区结合四川省创建全国医养结合示范省的要求和四川省开展医养结合机构服务质量提升行动的部署，紧抓全国唯一的医养联合基本公共服务标准化专项试点契机，统筹实施颐养康乐幸福工程，搭建老年健康管理标准化服务体系，做实政府保障基本、居家社区联动、机构专业照护服务，满足老年健康服务需求，有效解决“健康管理规范化、社会需求多元化、高端服务个性化”问题，逐步形成“医中有养、养中有医”新格局，首创全国医养联合服务新标准，走出了一条富有区域特色又可复制推广的医养联合“成华新路”。

成华区医养联合基本公共服务标准化试点工作以满足常住居民尤其是老年人健康、养老需求为导向，以促进“病有所医、老有所养、医养结合”领域基本公共服务均等化、普惠化、便捷化为核心，通过医养领域基本公共服务事项清单梳理、标准制定、实施应用、评估改进等一系列标准化活动，创新成华区医养领域基本公共服务标准实施监测预警、成效评估、动态调整评估等标准化实施机

制，为医养基本公共服务提供了一种技术性、科学性的解决思路，也为成华区人民群众享受均等化、普惠化、便捷化的基本公共服务提供了制度性保障。

（一）试点建设历程

自 2019 年起，成华区科学谋划、顶层设计，汇聚“健康成华、颐养成华”基础优势，着力创建全国首个医养基本公共服务标准化试点。试点获批以来，成华区委、区政府高度重视，成立由区卫健、民政、医保等 10 多个部门和辖区 11 个街道主要负责同志为成员的试点工作领导小组，依托成都市标准化研究院、西南交通大学等机构的专业技术优势，聚焦“病有所医、老有所养、医养结合”三大领域，系统梳理成华区医养联合基本公共服务事项清单，搭建起医养联合基本公共服务标准体系，努力解决好人民群众最关心、最直接、最现实的利益问题，切实兜牢成华区医养民生底线，为建设全面体现新发展理念的公园城市示范区贡献“成华力量”。与此同时，成华区政府提出要围绕“号准脉、抓住点、对上路、有价值”建设思路，力争探索出创新典型做法，形成一批经典案例，为国家医养基本公共服务顶层设计提供地方实践经验①。

2021 年 3 月，成华区召开医养联合基本公共服务标准化专项试点推进会，推进部署成华区标准化专项试点建设工作。区政府办、区委办（目督）、区发改委、区民政局、区财政局、区人社局、区住建交局、区卫健局、区市场监管局、区医保局等相关负责人参与会议。会上，区标准化试点工作领导小组办公室汇报了成华

① 质量观察.成华区医养联合基本公共服务试点工作推进[EB/OL].(2021-04-10).https://baijiahao.baidu.com/s?id=1696627659143537254&wfr=spider&for=pc.

区医养联合基本公共服务标准化专项试点前期推进情况及后期工作安排。

2021 年 4 月，成华区医养联合基本公共服务标准化专项试点举行了专题培训会，进一步凝聚标准发展共识，提升标准服务水平，以标准化筑牢医养民生的幸福基石。

2021 年 5 月，成华区梳理形成《成华区医养领域基本公共服务事项清单》，系统确立 3 项一级服务领域、29 项二级服务项目，明确服务项目、保障标准、支出责任、主责单位、现行主要政策等内容，成为政府履行职责和公民享有权利的“目录手册”。

2021 年 9 月，成华区构建起“病有所医、老有所养、医养结合”清单全覆盖，以通用标准为基础、服务提供标准为核心、服务资源标准为支撑、运行管理标准为保障，与国家、省、市医养基本公共服务政策协调配套的新型医养联合服务标准体系，涵盖健康档案管理、医疗保险服务、养老保险服务、老年人福利补贴、助餐服务、医养机构签约、长护险服务等标准 299 项。

2022 年 2 月，成都市成华区以医养联合标准化推动构建养老服务新格局，实现“服务标准规范化、服务模式统一化、服务内容量化”，让老年人“老有所医”。

2022 年 3 月，成华区医养联合基本公共服务标准化专项试点工作领导小组举办了首个以体现“病有所医、老有所养、医养结合”为题的医养联合摄影大赛活动，大赛共收到 537 件投稿作品，作品上传至大赛平台后的投票总数达 51 762 票，累计访问量达 120 868 人次。通过用镜头记录成华医养服务的变化，不仅增加了居民对成华区医养领域基本公共服务的关注度，提高了群众知晓率，也展示了成华区人民群众日常享受健康颐养生活的幸福美好状态[①]。

2022 年 6 月，成都市成华区医养联合标准化试点工作领导小组开展了“线上+线下”多渠道医养领域基本公共服务标准化系列宣传活动，将 800 余份健康生活工具包、1000 余册标准化知识手册在 11 个社区卫生服务中心发放，普及医养服务标准化知识，提升广大人民群众对医养领域基本公共服务的知晓率和满意度，让标准红利惠及更多群众[②]。同时，四川省市场监督管理局组织专家对成华区医养联合基本公共服务标准化专项试点开展中期验收[③]，专家对成华区试点建设阶段性成果表示肯定，并提出了下一步改进的方向和建议。

2023 年 3 月，国家市场监管总局、发改委、财政部委托四川省市场监督管理局对成华区医养联合基本公共服务标准化专项试点开展终期验收。考核评估组通过审阅材料和质询沟通等方式，对试点项目进行了全面评估打分。考核评估组一致认为，成华区委区政府高度重视试点建设，将试点工作任务纳入了全区重点项目建设目标，坚持战略推动，构建了全方位试点工作体系，坚持需求导向，构建了高质量试点标准体系；坚持因地制宜，构建了标准化实施体系；坚持落地生根，构建了标准化试点评估体系；坚持科学发展，打造了医养联合标准化品牌体系，实现了群众安

---

① 中国新闻网 医养联合基本公共服务摄影作品大赛获奖名单出炉[EB/OL]. (2022-03-11).http://www.sc.chinanews.com.cn/bwbd/2022-03-11/163713.html.

② 张东. 将标准红利惠及更多百姓——四川成都市成华区“线上+线下”联动提升基本公共服务知晓率和满意度[N]. 中国质量报，2022-06-28（4）

③ 成都市标准化研究院.成华区医养联合基本公共服务标准化专项试点中期评估会圆满结束[EB/OL].http://www.cdbzh.com/web/cdbznew/workdt/newszx

全屏障“筑”起来，医养服务部门共治“联”起来，医养基本公共服务“优”起来，为打造全国医养联合基本公共服务标杆城市奠定了坚实基础。

（二）试点建设内容

1. 坚持战略推动，构建全方位试点工作体系

一是强化统筹协调。区委、区政府在战略的高度，成立试点工作领导小组，完善工作协调制度，分管领导统筹区发改、财政、卫健、民政、人社、医保、市场监管、住建交等部门和各街道，深度聚集医疗、养老、医养结合服务主体合力推进试点工作，组织召开各种问题研讨、试点推进会议 20 余次，形成了政府主导、部门联动、社会参与、协同推进的试点建设格局。二是突出政策赋能。发布财政承受能力评估办法，组织开展财政承受能力评估，创新探索基本公共服务财政承受能力评估机制，经过分析比对成都武侯、苏州吴中、青岛城阳等 11 个地区医养支出情况，成华区近三年“病有所医、老有所养、医养结合”基本公共服务资金来源有保障、能承受；整合碎片化的医养服务政策，全面放开养老服务市场，激活社会力量投资养老服务，健全医养服务综合监管制度，落实各项优惠政策，为试点赋予了强大动能。三是落实督导考核。科学制定试点实施方案，明确了总体目标、主要任务、工作步骤、保障措施，将试点建设纳入 2021 年政府工作报告，试点任务纳入成都市委深改委 2021 年度改革落实台账，成华区六大行动计划、幸福美好生活十大工程等重大目标任务，落实专项督导考核，区财政年均投入 4 亿资金，确保试点工作高水平推进、高质量完成。

2. 坚持需求导向，构建高质量试点标准体系

一是制定公共服务清单。以《国家基本公共服务标准（2021年版）》为牵引，对比四川、成都、武汉、南京等地服务清单指标，梳理形成 3 项一级服务领域，29 项二级服务事项的成华区医养领域基本公共服务事项清单，实现申报领域事项全覆盖、内容无缺项、外来人口与本地居民全覆盖。成华清单较国家清单扩展特色项目 9 项，服务对象范围扩展 1 项，服务事项指标提升 1 项，成为政府履行职责和公民享有权利的目录手册。同时，积极推动清单和标准在政府部门网站公开，通过邮件、电话等方式，接受群众、公共服务机构的监督与意见反馈。二是构建新型标准体系。立足实际，构建起“病有所医、老有所养、医养结合”清单全覆盖，以通用标准为基础、服务提供标准为核心、服务资源标准为支撑、运行管理标准为保障，与国家、省、市医养基本公共服务政策协调配套的新型医养联合服务标准体系，涵盖健康档案管理、医疗保险服务、养老保险服务、老年人福利补贴、助餐服务、医养机构签约、长护险服务等标准 299 项。三是研制关键特色标准。在医养联合标准化试点实践探索的基础上，区内相关单位参与研制国家标准《基本公共服务标准化工作指南》《基本公共服务标准实施评估指南》，地方标准《四川省失能老年人健康管理服务规范》《四川省老年居家护理服务规范》《成都市老年人照护需求综合评估标准》，团体标准《医养结合机构服务标准》《医养结合机构服务质量评价标准》，满足人民群众多层次、多样化的医养结合服务需求。

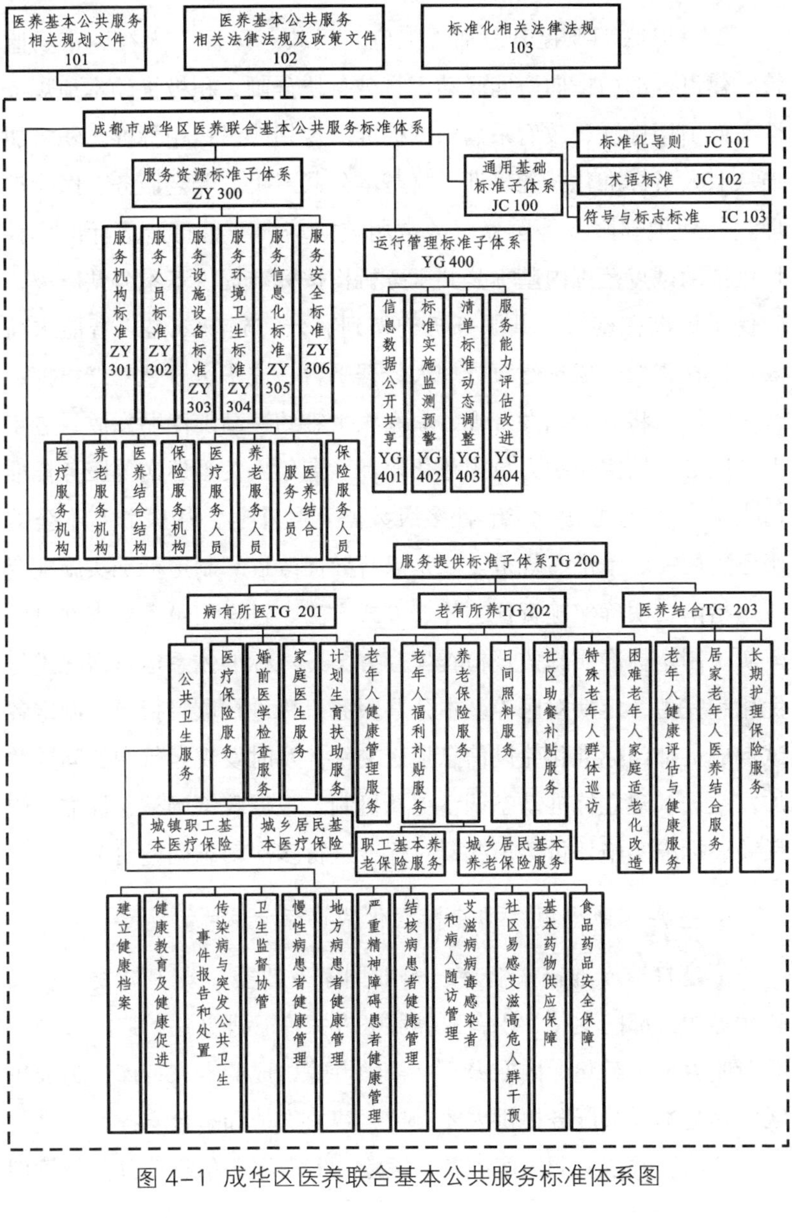

图 4-1 成华区医养联合基本公共服务标准体系图

3. 坚持因地制宜，构建标准化试点实施体系

一是以联动抓提升。加强卫健、民政、医保、人社、市场监管、建设等部门横向协同联动，打破条块分割，积极推动本地规范性文件引用标准、政府采购依据标准、规划建设运用标准。积极加强从业人员标准化技能培训，将基本公共卫生、养老服务、医疗护理、长期护理服务等医养服务常用技能培训项目打造成标准化科目，推动试点范围内基本公共服务机构按标准提供基本公共服务，确保了标准在基层公共服务机构得到有效实施。二是以智能求高效。依托华西—成华健康管理大数据平台、成华区智慧养老指挥平台等载体，将健康档案管理、家庭医生签约、高龄津贴发放、老年助餐服务、居家照护人员规范化培训、老年人关爱巡访等服务标准植入平台，实现市-区-街-社多级数据互联互通，让医养基本公共服务更便捷、精准、规范。三是以督导促改进。制定标准实施配套应用指南，明确实施责任主体、方式方法、过程记录等要求并贯彻落实。制定标准实施监督检查配套方案，对标准体系运行情况进行优化和完善，定期对医养基本公共服务机构进行监督指导。制定各试点成员部门标准化建设信息报送文件，及时发现运行中的问题并加以改进。建立标准动态调整更新机制，根据政策调整、标准实施反馈、标准实施评价等情况，对标准进行多次动态调整更新。

4. 坚持落地生根，构建标准化试点评估体系

一是打造专业高端智库。争取国家发改委、省卫健委、省民政厅等相关部门支持，出台医养服务专家库管理办法，广泛吸纳行业专业力量，组建业内专家、高校学者等构成的专家智库，为成华区医养基本公共服务提供人才支持、智力支持和平台支撑。二是促进信息数据共享。制定实施基本医疗、养老服务信息公开共享管理

规范，促进医保、人社等部门之间，基层医疗机构与养老服务机构之间建立数据共享机制。针对医养“信息孤岛”“数据烟囱”等数据标准不规范、不统一的问题，制定成华区健康大数据、智慧养老、信息数据库建设管理标准，规范医养基本公共服务数据收集、统计，将传统决策经验升华转化为数据模型，高效支撑基本公共服务标准的制（修）订与实施。三是推动成效评估优化。推动试点单位常态化定期总结问题和不足，提出整改清单，持续落实整改提升；制定监督检查计划，明确专人开展监督检查，对存在或潜在问题及时改进并不断提升；依托第三方专业机构，积极构建能力评估和均等化评估指标体系，深入推进成华区医养基本公共服务成效评估。经第三方测评，服务对象满意度提升 7.07%，切实推动了成华医养基本公共服务高质量发展。

5. 坚持科学发展，打造医养联合标准化品牌体系

一是培育试点宣传品牌。面向基层公共服务机构和公众组织开展各类宣传培训活动，印发试点宣传手册，印发标准化知识手册，发放健康生活工具包，创办成华医养联合标准化双月刊，开展医养服务摄影大赛，聚集中国质量报、今日头条、搜狐、网易、腾讯新闻等 30 多家国内主流媒体形成矩阵，全方位宣传试点实效和亮点特色。二是打造试点服务品牌。牵头制定《四川省失能老年人健康管理服务规范》，并在 2022 年四川省失能老年人“健康敲门行动”过程中广泛实施，缩短了老年人看病就医的“最后一公里”距离；主导制定《成都市老年人照护需求综合评估标准》，打破卫健、民政、医保等部门壁垒，促进全市实现评估数据共享；立项研制《四川省老年居家护理服务规范》，建立老年居家护理服务管理保障及风险防范体系，为全省推动老年护理服务高质量发展，制定

积极应对人口老龄化政策措施提供标准依据；编写并发行《医养结合服务应用实践》专著，被指定为四川省创建全国医养结合示范省培训教材；出版标准化建设成果专著，为全国、全省推进医养服务标准化建设贡献先行先试的“成华经验”。三是催生试点影响品牌。成华区医养基本公共服务模式被省卫健委列入工作经验报告，试点经验被纳入 2021 国家基本公共服务标准化试点案例汇编。成华区先后获评“首批全国健康促进区”“全国智慧健康养老示范基地”“全国示范性老年友好型社区”等称号。全国政协常委、社会和法治委员会副主任强卫，国家卫健委老龄健康司司长王海东等领导先后多次调研并充分肯定成华区探索出的积极成果。

（三）试点建设成效

1. 标准实施让群众健康安全屏障“筑”起来

以关键标准的研制实施为引领，围绕华西-成华城市医疗服务联盟一体化建设，创新“政-人-医-网”四通机制，建立“全专基”新型家庭医生团队 115 个，有效形成基层首诊、双向转诊、急慢分治、上下联动的分级诊疗标准化服务模式，有效破解区域公共卫生资源分布不均衡、基层公共卫生服务能力不足、人才紧缺、信息不互通等问题，实现所有成华群众能享有大致均等的基本公共卫生服务。成华区先后培养出华西医院认证的联盟全科医生 9 名、社区首席医生 36 名，荣获国家、省、市等 5 项荣誉，在全国性技能比赛、学术会议上获奖实现了“零”的突破。投入 3.6 亿元新建区中医医院，投入 4.5 亿元建成投用 12 家社区卫生服务中心，建成运营 4 处、推进 8 处社区养老服务综合体、105 处日间照料中心、47 处助餐点位，培育和发展养老机构 27 个、养老服务专业组织 42

家、长期护理保险居家上门服务机构 7 家，推动基本公共服务资源向基层延伸，构建起布局均衡、设施完善、供给多元、服务高效、有温度的 15 分钟家门口医养公共服务圈，切实筑牢人民群众健康安全屏障。

2. 标准创新让医养服务部门共治“联”起来

试点开展以来，切实提高了基层服务机构办事效率，着力减轻失能人群多次评估的身心负担，区卫健、民政、医保等部门坚持问题导向，以关键评估标准破题失能照护标准统一性、待遇均衡性、制度公平性为目标，探索“定期沟通、数据共享、人员协作、评估互认”工作机制，打破长期存在的部门壁垒，联动各类养老、医疗、医养基本公共服务机构，做到目标一致、协调统一和横向整合，构建起高效顺畅的工作联动机制。

3. 标准融合让医养基本公共服务“优”起来

试点开展以来，成华医养基本公共服务质量持续提升，千人床位数 10.46 张，提升 17.66%；千人医师数 6.53 人，提升 71.8%；家庭医生签约人数 57 万，提升 49.09%；老年助餐服务 28 万人次，提升 700%；老年人家庭适老化改造 1461 户，提升 90.23%；老年人医养结合服务率 100%，提升 44.9%；长护险居家照护 3.12 万人次，提升 79.31%；机构照护 2.55 万人次，提升 1716%。其中千人床位数 10.46 张、家庭医生签约 57 万人、老年人医养结合服务率 100%、食品安全风险防控指数 111.11 等指标稳居全市前列，人民群众的幸福感、获得感更加充实、更有保障、更可持续。

（四）试点建设经验

1. 破除部门壁垒，实现评估结果互认

成华区在医养联合标准化试点实践探索的基础上，以关键评估标准破题失能照护标准统一性、待遇均衡性、制度公平性为目标，通过主导制定《成都市老年人照护需求综合评估标准》，建立起“定期沟通、数据共享、人员协作、评估互认”工作机制，打破卫健、民政、医保等部门壁垒，促进全市实现评估数据互认共享。

2. 研制服务标准，厘清技术基础路径

成华区内相关单位参与研制国家标准《基本公共服务标准化工作指南》《基本公共服务标准实施评估指南》，明确基本公共服务标准化基本原则、工作职责、标准体系构建、标准实施及标准实施监督评估等内容，有效厘清了基本公共服务可及性和均等化的技术基础和现实路径。区中医院主导制定地方标准《四川省失能老年人健康管理服务规范》，有效满足人民群众多层次、多样化的医养结合服务需求。

3. 创新服务模式，促进服务效率提升

成华区建立起“政府协同主导、行业龙头引领、基层网底支撑、社会资源补充”的医养联合服务新模式，形成“筛查、评估、照护、医疗、支持”五位一体新格局，高效带动全区医养基本公共服务阵地网格化纵深覆盖，推动成华医养基本公共服务资源共享，以标准化带动医养服务提质增效。

4. 总结提炼成果，成华经验广泛推广

成华区研制《四川省老年居家护理服务规范》，建立老年居家

护理服务管理保障及风险防范体系，将成华老年护理经验在全省推广。编制《医养结合服务应用实践》专著，被指定为四川省创建全国医养结合示范省培训教材。出版标准化建设成果专著，为全国、全省推进医养服务标准化建设贡献先行先试的“成华经验”。

（五）试点建设思考

第一，积极开展医养结合标准化理论基础研究。从医养结合标准化政策体系、服务机制、标准化协同模式、标准化与信息化两化融合、服务技术标准体系、标准化人才培养与服务机制等重点方面组织高等院校、研究机构、服务机构等机构人员开展课题研究，将标准化理论研究成果融入医养结合政策、标准制定实施全过程，重点关注老年人的服务满意度、服务质量改进和社会经济效益，加快形成有利于老龄人群健康的生产、生活和经济社会发展大环境。

其次，建立健全医养结合服务标准体系。加强顶层设计，探索建立全国医养结合标准化委员会，综合考虑不同地区经济发展水平、老龄化趋势、不同服务业态、不同群体需求等因素，构建起科学、协调、有效的医养结合标准体系，形成“医疗、医药、医保、医养”联动的医养结合服务完整闭环，建立和完善监管机制，实现医养结合标准制定、标准实施、持续改进、考核评价的统一规范运行。

第三，加大医养结合重点标准的制定力度，填补国内标准缺失空白。结合医养结合养老模式技术创新，积极引导相关部门机构从服务模式、服务流程、服务管理等多方面探索制定卫健、民政、医保等多部门互认的老年人失能评估、服务信息共享、护理服务分级、服务质量评价等各级各类标准，在国家相关政策体系基础上明确医养结合服务宗旨、规范服务主体、细化服务流程、优化服务方式。

第四，强化医养结合标准化实施与推广。鼓励政府相关部门、医养结合服务机构积极参与医养结合标准化示范试点建设，先行先试探索有益经验，以试点示范带动本区域整体医养结合标准化工作水平。积极培育和发展医养结合协会联盟，积极组织开展医养结合标准实施检查评估、等级评定和表彰奖励。从不同层面组织开展线上、线下医养结合会议交流和培训，对医养结合标准化优秀经验借助微博、微信、短视频等新媒体平台进行宣贯，形成医养结合标准化工作良好氛围。

第五章

成华区医养联合基本公共服务财政承受能力评估

一、基本公共服务财政承受能力评估背景

受经济增速放缓、减税降费、疫情等多重因素影响，我国许多地方财政收入增长乏力，甚至出现罕见的下滑。但民生、债务等刚性支出不减反增，财政收支矛盾十分突出，财政可持续性受到挑战。一些地方政府承诺过多的不可持续财政支出，更加剧了当地财政风险。为防范和化解地方财政风险，促进财政可持续发展，政府相关部门应当对公共服务项目、政策开展财政承受能力评估。

国务院、中央部委陆续出台一系列关于公共服务与财政预算管理的法规政策制度，对考虑财政承受能力因素、开展财政承受能力评估提出了明确要求。2018 年 12 月，中共中央办公厅、国务院办公厅印发《关于建立健全基本公共服务标准体系的指导意见》，提出一要明确中央与地方支出责任划分。按照谁的财政事权谁承担

支出责任的原则，根据中央财政事权、地方财政事权以及中央与地方共同财政事权 3 种情况，进一步明确基本公共服务领域的中央与地方支出责任及承担方式。二要制定中央与地方共同财政事权基本公共服务保障国家基础标准。对不易或暂时不具备条件制定国家基础标准的项目，地方可结合实际制定地方标准，待具备条件后由中央制定国家基础标准。地方在确保国家基础标准落实到位前提下，因地制宜制定高于国家基础标准的地方标准，按程序报上级备案后执行，高出部分所需资金自行负担。

2021 年 4 月，国家发改委联合 20 部门印发《国家基本公共服务标准（2021 年版）》，要求各省市服务项目、内容、数量等超出国家标准范围的，要加强事前论证和风险评估，确保符合国家法律法规和制度规定，符合本地区人民群众的迫切需要并控制在财政可承受范围内。财政部 2021 年全国财政工作会议强调，要加强财政可承受能力评估，对拟出台的民生政策和项目，全面分析对财政支出的短期和长远影响，对评估认定财政难以承受的，一律不得实施。

二、医养联合基本公共服务财政承受能力评估方法

医养联合基本公共服务财政承受能力评估是指识别、测算医养联合基本公共服务涉及的各项财政支出责任，科学评估各项服务实施对当前及今后年度财政支出的影响，为医养基本公共服务支出项目财政管理提供依据和参考。开展医养联合基本公共服务财政承受评估论证，是政府兜牢基本民生底线的重要保障，有利

于规范医养基本公共服务财政支出管理，有序推进医养基本公共服务实施，有效防范和控制财政风险，保障人民群众基本医养服务需求。

根据相关文件精神，结合成华试点建设探索经验建立起一套医养联合基本公共服务财政承受能力评估方法，期望通过此项研究为我国基本公共服务财政承受能力评估方法提供借鉴和参考。

（一）评估依据

医养联合基本公共服务财政承受能力评估依据主要包括《中华人民共和国预算法》《中华人民共和国政府采购法》《中共中央国务院关于全面实施预算绩效管理的意见》《关于建立健全基本公共服务标准体系的指导意见》《国务院办公厅关于印发基本公共服务领域中央与地方共同财政事权和支出责任划分改革方案的通知》《国务院办公厅关于印发医疗卫生领域中央与地方财政事权和支出责任划分改革方案的通知》《国务院关于进一步深化预算管理制度改革的意见》等有关规定。

（二）评估主体

财政部门会同医养行业主管部门，共同开展医养基本公共服务项目财政承受能力评估工作。必要时可通过政府采购方式聘请专业中介机构协助。财政承受能力评估采用定量和定性分析方法，坚持合理预测、公开透明、从严把关，统筹处理好当期与长远关系。

（三）评估要求

财政部门识别和测算单个医养基本公共服务项目的财政支出责任后，汇总年度全部已实施和拟实施的医养基本公共服务项目，进行财政承受能力评估。财政承受能力评估包括政府财政支出能力评估以及医养基本公共服务支出测算。在进行政府财政支出能力评估时，可参照前三年相关数据进行计算，并根据实际情况进行适当调整。医养基本公共服务支出测算是根据经济社会发展需要和公众对公共服务的需求，测算下一年度医养基本公共服务项目支出责任，评估医养基本公共服务项目实施对当前及今后年度财政支出的影响。

（四）评估计算

医养联合基本公共服务财政承受能力评估可采用以下公式进行计算：

$$f(x)=\frac{X_1\frac{\sum_{i=1}^{n}\left(\frac{a_1}{b_1}+\frac{a_2}{b_2}+\frac{a_3}{b_3}\cdots\cdots\frac{a_i}{b_i}\right)}{n}+X_2\frac{\sum_{j=1}^{n}\left(\frac{c_1}{d_1}+\frac{c_2}{d_2}+\frac{c_3}{d_3}+\cdots\cdots+\frac{c_j}{d_j}\right)}{n}}{N}+\cdots\cdots\frac{X_N\frac{\sum_{k=1}^{n}\left(\frac{x_1}{y_1}+\frac{x_2}{y_2}+\frac{x_3}{y_3}\cdots\cdots\frac{x_k}{y_k}\right)}{n}}{N}$$

其中 a_i 、$c_j\cdots x_k$ 分别为某地年度基本公共服务事项支出总量。

b_i 、$d_j\cdots y_k$ 分别为某地年度一般公共预算支出总量。

X_N 为某地基本公共服务事项支出占比均值的权重指标。

n 为纳入统计的年度数。

N 为纳入统计的地区数。

$f(x)$ 为 N 个地区在 n 个年度内基本公共服务事项支出占一般公共预算支出比的平均值。

（五）评估结论

财政承受能力评估的结论可设置为“通过评估”和“未通过评估”。“通过评估”的医养基本公共服务项目，财政部门应当在编制年度预算和中期财政规划时，将项目财政支出责任纳入预算统筹安排。“未通过评估”项目的则不宜纳入预算统筹安排。医养行业主管部门应根据财政承受能力评估结论，动态调整医养联合基本公共服务清单、标准，以及申报对应经费预算，同步优化绩效预算目标。

三、医养联合基本公共服务财政承受能力评估

成华区医养联合基本公共服务财政承受能力评估采用定量和定性分析方法，样本选择与成华区处于同一发展水平的武侯区（成都市）、金牛区（成都市）、青羊区（成都市）、锦江区（成都市）、江夏区（武汉市）、吴中区（苏州市）、城阳区（青岛市）进行对比分析，并在市一级层面上选择成华区所在的成都市及同一发展水平武汉市、杭州市、南京市进行统计分析，坚持合理预测、公开透明、从严把关，统筹处理好当期与长远关系。（本报告所有数据均来自各地区政府公开的财政数据报表。）

（一）政府财政支出能力评估

1. 地区国民生产总值（GDP）

表 5-1 2019-2021 年各地区 GDP 表（亿元）

序号	地区	2019	增速	2020	增速	2021	增速	平均增速
1	成华区（成都）	1060	11.7%	1103.3	4.1%	1273.3	15.4%	10.4%
2	武侯区（成都）	1201.6	10.1%	1232.3	2.6%	1358.8	10.3%	7.7%
3	金牛区（成都）	1289.7	7.8%	1329.94	3.1%	1472.9	10.7%	7.2%
4	青羊区（成都）	1283.9	7.9%	1304.84	1.6%	1454.9	11.5%	7.0%
5	锦江区（成都）	1122.2	8.5%	1145.9	2.1%	1260.6	10.0%	6.9%
6	江夏区（武汉）	948.8	4.7%	842	-11.3%	1010	20.0%	4.5%
7	吴中区（苏州）	1278.7	13.7%	1343.8	5.1%	1519.2	13.1%	10.6%
8	城阳区（青岛）	974.3	5.5%	1209.6	24.2%	1334.2	10.3%	13.3%
9	成都市	17012.7	10.9%	17716.7	4.1%	19917	12.4%	9.1%
10	武汉市	16223.2	7.4%	15616.1	-3.7%	17716.8	13.5%	5.7%
11	杭州市	15373.1	6.8%	16106	4.8%	18109	12.4%	8.0%
12	南京市	14030.2	9.6%	14818	5.6%	16355.3	10.4%	8.5%

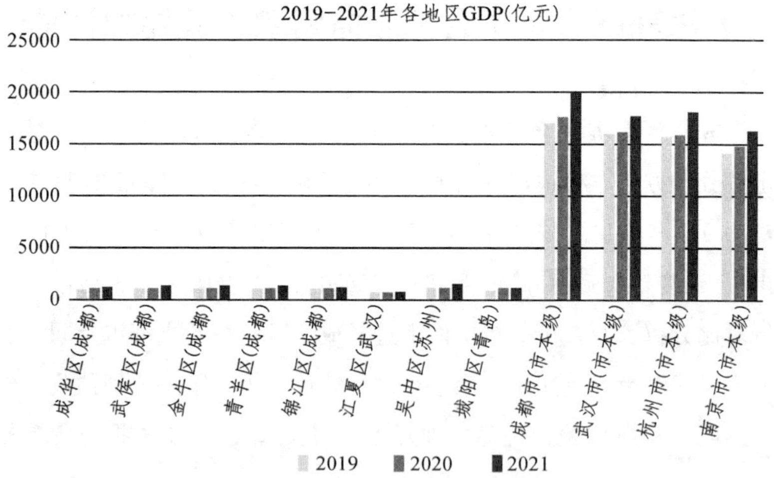

图 5-1 2019-2021 年各地区 GDP 对比图

2. 地区一般公共预算收入

表 5-2 2019-2021 年各地区一般公共预算收入表（亿元）

序号	地区	2019	增速	2020	增速	2021	增速	平均增速
1	成华区（成都）	82.1	2.1%	79.1	－3.6%	86.6	9.5%	2.7%
2	武侯区（成都）	99.5	0.2%	95.2	－4.3%	103.2	8.4%	1.4%
3	金牛区（成都）	87.7	0.6%	84.7	－3.4%	93.1	9.92%	2.4%
4	青羊区（成都）	92.9	0.4%	86.7	－6.7%	94.6	9.1%	0.9%
5	锦江区（成都）	88.2	－2.1%	82.7	－6.2%	90.1	8.9%	0.2%
6	江夏区（武汉）	91.8	14.3%	65.2	－29.0%	78.5	20.4%	1.9%
7	吴中区（苏州）	175.6	9.3%	188.0	7.0%	208.3	10.8%	9.0%
8	城阳区（青岛）	116.7	3.7%	121.0	3.0%	132.9	4.5%	3.7%
9	成都市（市本级）	201.0	15.5%	196.2	－2.4%	210.5	7.3%	6.8%
10	武汉市（市本级）	454.5	1.9%	258.6	－43.1%	368.2	42.4%	0.4%
11	杭州市（市本级）	262.8	－5.4%	295.3	12.4%	335.0	13.4%	6.8%
12	南京市（市本级）	190.1	－19.0%	227.2	19.5%	196.0	－13.7%	－4.4%

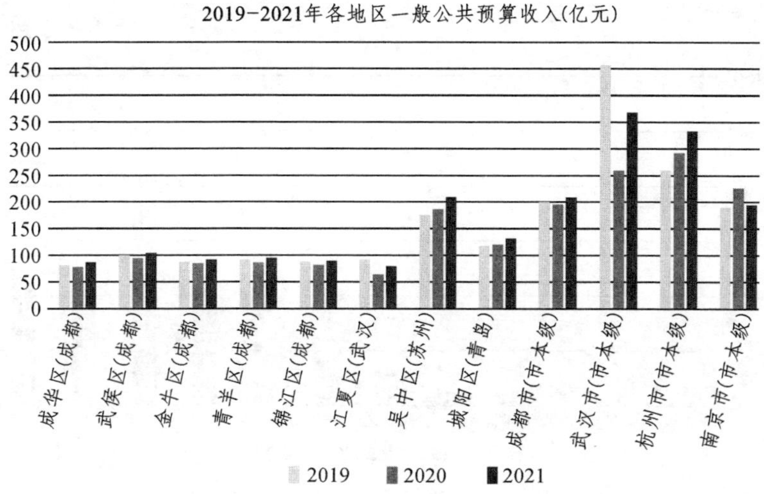

图 5-2 2019-2021 年各地区一般公共预算收入对比图

3. 地区一般公共预算支出

表 5-3 2019-2021 年各地区一般公共预算支出表（亿元）

序号	地区	2019	增速	2020	增速	2021	增速	平均增速
1	成华区（成都）	76.6	−3.6%	75.2	−1.7%	77.3	2.7%	-0.9%
2	武侯区（成都）	77.8	8.5%	85.0	9.3%	81.9	3.2%	7.0%
3	金牛区（成都）	68.9	3.0%	71.4	3.6%	87.3	22.3%	9.6%
4	青羊区（成都）	58.1	3.0%	58.9	1.4%	60.9	3.4%	2.6%
5	锦江区（成都）	54.4	−9.8%	56.8	4.4%	59.9	5.5%	0.0%
6	江夏区（武汉）	143.6	16.4%	131.8	−8.2%	133.5	1.3%	3.2%
7	吴中区（苏州）	153.3	8.2%	180.4	17.7%	203.2	12.6%	12.8%
8	城阳区（青岛）	92.5	25.6%	100.6	8.7%	112.8	12.2%	15.5%
9	成都市（市本级）	446.8	10.2%	451.9	1.1%	422.4	−6.5%	1.6%
10	武汉市（市本级）	1033.8	22.3%	1012.5	9.6%	836.4	7.8%	13.2%
11	杭州市（市本级）	385.4	8.5%	370.2	-4.0%	424.5	14.7%	6.4%
12	南京市（市本级）	469.4	10.3%	498.7	6.1%	495.5	0.6%	5.7%

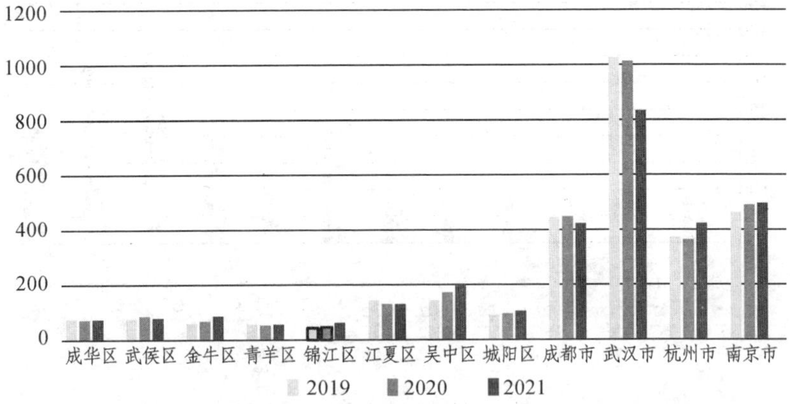

图 5-3 2019-2021 年各地区一般公共预算支出对比图

4. 各地区人口数量

表 5-4 各地区人口数量表（万人）

地区	成华区	武侯区	金牛区	青羊区	锦江区	江夏区	吴中区	城阳区	成都市	武汉市	杭州市	南京市
人口(万人)	138.2	185.5	126.5	95.6	90.3	144.5	138.9	114.8	2119.2	1364.9	1220.4	942.3

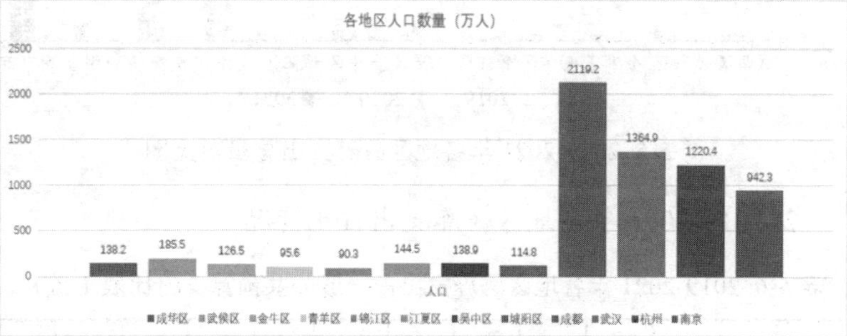

图 5-4 各地区人口数量对比图

（二）医养基本公共服务支出能力评估

1. 2019-2021 年各地区医养支出总量情况

表 5-5 2019-2021 年各地区医养支出总量表（万元）

年度	成华区	武侯区	金牛区	青羊区	锦江区	江夏区	吴中区	城阳区	成都市	武汉市	杭州市	南京市
2019	26509	26910	26141	26722	15776	133588	121650	41338	593705	1146841	81045	420719
2020	37083	37,650	31745	29466	19968	204537	109507	65819	633273	2535686	127482	352079
2021	46729	47301	43220	38722	22007	97310	125953	77534	686800	440437	165006	406148

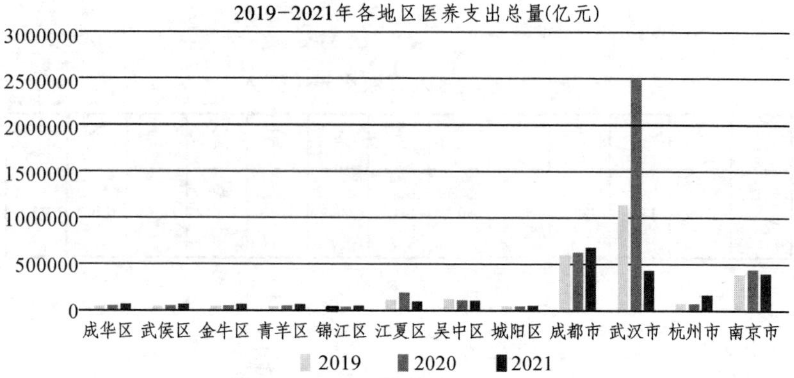

图 5-5 2019-2021 年各地区医养支出总量对比图

2. 2019-2021 年各地区医养支出占比情况

表 5-6 2019-2021 年各地区医养支出占一般公共预算支出比表（%）

年度	成华区	武侯区	金牛区	青羊区	锦江区	江夏区	吴中区	城阳区	成都市	武汉市	杭州市	南京市
2019	3.5%	3.5%	3.8%	4.6%	2.9%	9.3%	7.9%	4.5%	13.3%	11.1%	2.1%	9.0%
2020	4.9%	4.4%	4.4%	5.0%	3.5%	15.5%	6.1%	6.5%	14.0%	25.0%	3.4%	7.1%
2021	6.0%	5.8%	5.0%	6.4%	3.7%	7.3%	6.2%	6.9%	16.3%	5.3%	3.9%	8.2%
平均值	4.8%	4.6%	4.4%	5.3%	3.4%	10.7%	6.7%	6.0%	14.5%	13.8%	3.1%	8.1%
分平均	5.7%								9.9%			
总平均	7.1%											

从上表可以看出，成华区等 8 个区的医养支出平均占比在 3.4%～10.7%范围浮动，占比平均值为 5.7%。成都等 4 个市的医养支出平均占比在 3.1%～14.5%之间浮动，占比平均值为 9.9%。所有 12 个地区的总体占比平均值为 7.1%。

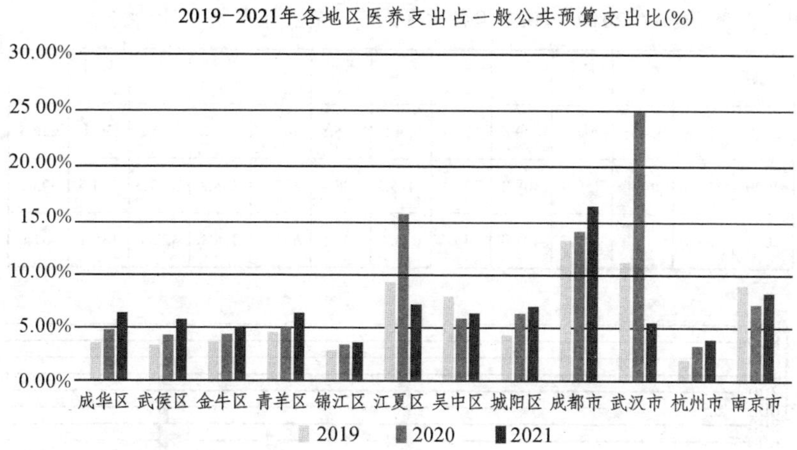

图 5-6 2019—2021 年各地区医养支出占一般公共预算支出比对比图

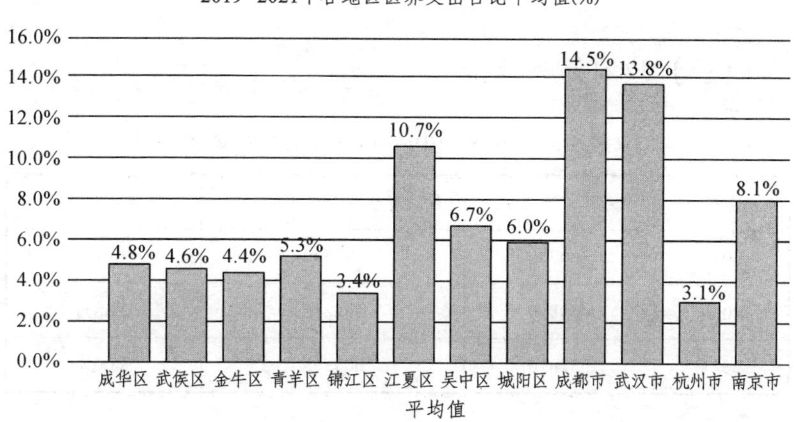

图 5-7 2019—2021 年各地区医养支出占比平均值对比图

3. 2019—2021 年各地区人均医养支出情况

表 5-7 2019—2021 年各地区人均医养支出数据（元/人）

年度	成华区	武侯区	金牛区	青羊区	锦江区	江夏区	吴中区	城阳区	成都市	武汉市	杭州市	南京市
2019	191.8	145.1	206.6	279.5	174.7	924.5	875.8	360.1	280.2	840.2	66.4	446.5
2020	268.3	203.0	250.9	308.2	221.1	1415.5	788.4	573.3	298.8	1857.8	104.5	373.6
2021	338.1	255.0	341.7	405.0	243.7	673.4	906.8	675.4	324.1	322.7	135.2	431.0

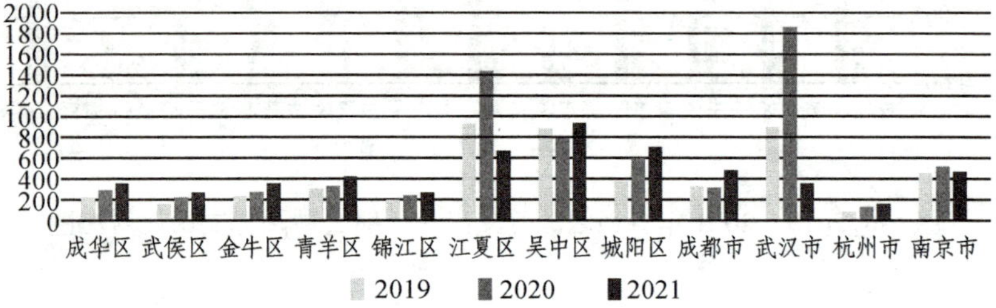

图 5-8 2019—2021 年各地区人均医养支出（元/人）对比图

（三）政府债务情况

表 5-8 成华区 2019—2021 年政府债务表

年度	债务（万元）	市政府核定限额（万元）	占限额比
2019	360700	397500	90.7%
2020	489890	545285	89.8%
2021	532610	605565	88.0%

近三年来，成华区债务总额严格控制在市政府核定的政府债务限额范围内，政府债务风险总体可控。

（四）下一年度数据测算

2022 年成华区医养基本公共服务支出预算为 27900 万元，为一般公共预算支出的 3.2%，处于表 5-6 统计低位水平。通过上述财政承受能力分析，成华区 2022 年度“病有所医、老有所养、医养结合”基本公共服务资金来源有保障，从财务角度分析，均可行。

第六章

成华区医养联合基本公共服务能力与均等化评价

成都市成华区以本区户籍人口及常住居民为服务对象，开展基本公共服务标准化专项试点，以促进“病有所医、老有所养、医养结合”领域基本公共服务均等化、普惠化、便捷化为核心，通过医养领域基本公共服务事项清单梳理、标准制定、实施应用、评估改进等一系列标准化活动，创新基本公共服务标准化实施机制，构建成华区基本公共服务大健康生态圈，树立医养联合服务全国标杆。

一、成华区医养领域基本公共服务能力评估报告

成华区人民政府紧紧围绕“好准脉，抓住点，对上路，有价

值”的建设思路，聚焦“病有所医、老有所养、医养结合”基本公共服务，以推进养老服务供给侧结构性改革为主线，积极探索“医养联合”新模式，有序推进基本公共服务标准化试点建设，切实把试点各项工作任务落到实处。

如今，成华区逐步形成了“医中有养、养中有医”的新格局，首创全国医养联合服务新标准，以标准化促进基本公共服务均等化、普惠化、便捷化，走出了一条富有区域特色又可复制推广的医养联合“成华新路”。为了更深入地了解成华区医养领域基本公共服务能力建设情况，专家组对成华区医养联合基本公共服务能力水平进行评估，综合分析成华区深入推进医养联合过程中存在的问题，提出意见和建议。

（一）现 状

成华区始终以全民健康促进工程为抓手，以深化医药卫生体系改革为重点，坚持“保基本、强基层、建机制”，推动卫生事业跨越发展。成华区现有常住人口 138.19 万人，60 岁及以上年龄人口占 17.37%，约 24 万人，其中 65 岁以上失能、失智、半失能人口占比达 13%。全区有医疗卫生机构 688 个，其中医院 50 个、疾病预防控制中心 1 个、妇幼保健院 1 个、社区卫生服务中心 12 个、三级医院 2 个、门诊和诊所 624 个，卫生机构床位数 7516 张，每千人口医疗卫生机构床位数 10.46 张。全区卫生技术人员 11 498 人，医疗卫生机构执业医师 4258 人，每千人执业（助理）医生 81 人，注册护士 5444 人，每千人口注册护士 4.75 人。全区社会力量兴办或经营的养老机构床位数 7241 张，其中机构护理床位数 1621 张。成华区全年卫生事业投入 4.69 亿元，常住人口人均基本公共卫生服务经费不低于 79 元/人，个人卫生支出占卫生总费用的 22%。

1. “病有所医”方面

成华区制定并实施《成华区健康教育与健康素养促进服务实施指南》《成华区家庭医生服务规范》《成华区职工基本医疗保险参保经办服务实施指南》《成华区食品经营单位食品安全红黄绿牌管理规范》等标准，做好“互联网+签约服务”，探索线上慢病管理，推广“一医一助”家庭医生团队一站式服务；推进医疗保障管理服务体系标准化建设，以规范标准和业务规程促进医疗保障公共服务平台业务标准、形象标识、大厅陈列、管理规章、服务规范等的规范化、标准化、信息化、人性化。

截至 2021 年年底，全区居民电子健康档案建档率为 95.96%；家庭医生签约 57.07 万人，签约率为 41.29%，签约率还需进一步提高。高血压患者规范管理率 80.1%；糖尿病患者规范管理率 80.34%；传染病报告率 100%；肺结核患者管理率 100%。全区千人床位数达 10.46 张；千人医师数达 6.53 人；人均期望寿命达 81.73 岁；居民健康素养水平达 26.5%；全区食品安全风险防控指数 111.11，排名全市第二。

2. “老有所养”方面

成华区政府制定并实施《成华区社区为老助餐服务规范》《成华区居家养老上门服务规范》《成华区职工基本养老保险参保经办服务实施指南》等标准，打造“岁月厨香”老年人助餐服务品牌。

成华区目前有“老年优待服务窗口”107 个，每千名户籍老人拥有养老床位数 28.35 张，社区养老服务设施（老年人日间照料中心、社区养老服务综合体、老年人助餐点等）覆盖率 100%，特困人员供养率 100%。根据本团队收集到的资料，成华区目前有医养结合机构 11 个，养老服务综合体 4 个，目前正在推进 8 处养老服务综合体的建设；日间照料中心 105 个，养老服务机构 36 个，42 家养老服务专业组织，47 个养老服务助餐点。养老机构总床位数 7241 张，其中护理床位数 1621 张，能够有效满足老年人各方面的养老需求。

成华区落实四川省、成都市基本养老服务补贴，对符合条件的高龄、散居特困、计生特殊家庭、低保边缘、低保老年人提供助残补贴，对成华区户籍的散居特困老年人家庭、低保及低保边缘老年人家庭以及计划生育特殊老年人家庭提供每户不超过 1000 元补贴。同时，落实老年人关爱巡访制度，推进老年宜居环境建设，对特殊困难及空巢独居老年人的家庭进行适老化改造，推进老旧小区公共区域适老化改造，实现目标人群“愿改尽改”；加强养老保险转移业务区域协同办理，助力省内外 19.61 万名退休人员完成养老待遇核查认证。在社区、红旗连锁超市等 106 个基层服务网点设立 109 台“社保自助查询一体机”，标准化规范化建成率 100%。

3. “医养结合”方面

试点以来，成华区政府高度重视，将医养结合养老模式纳入经济社会建设发展总体规划、城市建设总体规划和医疗资源分布规划。据统计，成华区 65 岁以上老年人的医养结合服务率 100%。同时成华区卫健、民政、医保、人社、市场监管、建设等各部门主动破除原来体制机制上的壁垒，改善部门之间存在的条块分割的状态，制定并实施《成华区城镇职工长期照护保险经办与待遇保障服务规范》《成华区长期照护保险协议照护服务机构管理规范》《成华区老年人健康评估与健康服务指南》《成华区医疗卫生机构与养老服务机构签约合作服务指南》等标准，扩大长期照护保险保障范围至城乡居民，推进长照机构融入社区党建圈、长照服务嵌入 15 分钟公共服务圈，推广“社区养老+长照服务”模式，医保局与人社局建立数据共享机制，有效保障长照险服务的公益性、普惠性、系统性和可持续性。

目前，成华区对连续在同一养老机构从事护理岗位满 3 年的护理员，择优给予从业补贴。同时将各项为老服务经费实施专项管理，推行辖区老年人意外伤害保险、养老机构责任保险有效服务老年人。在监管上，成华区全公办养老机构入驻评估和公开轮候机制健全，有效地提高了养老服务的效率和公平度。在积极开展老年人能力评估方面，成华区组建了 11 支评估团队，医养结合服务工作实现标准化和规范化发展，大大减轻了居民的经济负担和照护压力。2022 年 10 月 28 日，成都市老年照护质量控制中心正式成立，选择以成华区第六人民医院为成华区老年照护培训基地。

（二）成效与经验

成华区在标准化试点建设过程中，引入成都市标准化研究院、西南交通大学国际老龄科学研究院等单位及国家发改委社会发展研究所、四川大学公共管理学院专家教授作为支撑，通过列清单、明责任、建体系、定标准、促改进、提质量等一系列标准化活动促进医养结合发展。

1. 顶层推动作用显著，构建养老服务新体系

成华区医养联合试点坚持政府主导、社会参与、市场运作，

逐步建立起“以区属公立医院为龙头、社区卫生服务中心为网底、社会医养服务资源为补充”的三级医养结合服务体系。

在法制建设上，国际经验表明，如果缺少必要的制度安排，就难以保证财政对医疗和养老领域的投入，很难建立起相应的医养结合养老服务体系。2020 年 6 月，我国卫生健康领域第一部基础性、综合性法律《中华人民共和国基本医疗卫生与健康促进法》正式施行。该法共包含十章、一百一十条，涵盖了基本医疗卫生服务、医疗卫生机构、医疗卫生人员、药品供应保障、健康促进、资金保障、监督管理和法律责任等多方面的内容。该法明确了我国医疗卫生与健康事业应当坚持以人民为中心，为人民健康服务，规定了医疗卫生事业应当坚持公益性原则，确立了把人民健康确立为优先发展的战略地位。医养结合养老服务体系的发展自此有了法律保障。

在资金运营上，成华区对社区提供养老助餐服务的运营主体提供建设、运营方面的资助，也为提供日间照料服务的主体提供一次性建设经费资助、年度运营资助等服务。同时实施运营监督抽查，确保养老服务的有效提供。除此之外，还对所有纳入特困供养、建档立卡范围的高龄、失能、残疾老年人家庭按照《无障碍设计规范》实施适老化改造，并提供相应的财政补贴。

在信息化建设上，成华区积极建设养老服务信息平台，汇聚线上线下资源，支持企业或社会组织为老年人提供“点菜式”就近便捷养老服务。在信息公开层面，成华区努力推动破除部门间数据壁垒，推动养老领域公共数据，如养老服务扶持政策、项目清单、服务标准、供需信息和投资指南等信息开放共享。

在监管体制上，成华区不断健全医养结合养老服务综合监管制度，完善各项优惠政策，积极规范和完善以“区属公立医院为龙头、社区卫生服务中心为网底、社会医养服务资源为补充”的三级医养创新服务体系。

2. 行业标准“立”起来，促进医养服务质量提升

依托成都市标准化研究院专业技术力量优势，成华区按照核心基础层“114”任务[①]和实施支撑层“644”任务[②]。梳理形成《成华区医养领域基本公共服务事项清单》，构建起包含通用基础、服务提供、服务资源、运行管理 4 部分的医养联合基本公共服务标准体系，详细指导医养服务机构如何建、设施设备及人员如何配、医养服务“怎么干”“如何评”。同时，以标准化试点为依托，构建起了“清单调整——标准制定——推动实施——监测评估——提升改进”的标准动态实施机制，促进医养基本公共服务供给与群众需求有效耦合，保障医养基本公共服务持续改进、质量持续提升。

3. 龙头引领成效突出，推动医养服务有机结合

成华区医养联合基本公共服务标准化试点以区中医医院为改革创新龙头，该医院于 2020 年 7 月被确定为全国首批老龄健康医养结合远程协同服务试点机构。成华区中医医院积极打造医养护理员教学基地，为全区养老护理员、居家老年人陪护员、长护险评估员提供岗前培训、在岗轮训，全方位提升了全区老年照护水平。成华区中医医院扎实做好了功能布局规划、人才队伍培养、示范作用体现、标准体系建设，区域医养结合规范化基地建设，充分体现出

① 即梳理一套医养领域基本公共服务事项清单，构建一套成华区医养领域基本公共服务标准体系，探索四大基本公共服务标准化实施机制。

② 即推进健康成华“六大行动”、落实优养成华“四大工程”、实施医养结合“四个1”举措。

了老年病医院和中医医院特色。成华区中医医院积极探索符合社会发展的“医养结合”服务模式，走出了一条具有成华特色的“多病共管、营养介入、安宁支持、长照参与、中西结合”医养结合服务新路子。

4. 基层网底强化支撑，整合社会有效资源

为了织密基层网底支撑服务，提升社区卫生服务中心服务质量和水平，成华区采取多种措施推动第六人民医院与社区微型养老机构、社区日间照料中心紧密合作，努力做实家庭医生签约服务，深化拓展“华西－成华城市区域医疗服务联盟”合作，畅通了医疗双向转诊绿色通道，逐步在社区构建起较为完善的社区医养结合网络，让 15 分钟社区健康养老服务触手可及。签订医疗服务协议，为老年人免费提供健康教育、健康体检、入户随访、慢性病中医干预等服务。

成华区政府也十分鼓励社会资源参与医养结合领域。成华区积极引入国际先进技术，依托顾连医疗旗下老年康疗院、康复医院、成华顾连护理站，在国内率先搭建“老年专科医院—康复机构—社区/居家护理站”三级医养服务体系，突破传统医养结合模式，将老年医疗、康复、照护等服务有机结合，满足群众多元化健康养老服务需求。根据不同类型养老服务模式的需求，将资源进行合理配置、有机整合、对接供给。

同时，成华区制定了“分区划片、就近便利、互不跨界”承办规则，为顾连护理站等 5 家机构划分各自服务区域，先让机构有序经营“站住脚”，再引导各家机构提升质量、积累经验，树立服务品牌“强起来”，以群众满意为标准，推动机构之间形成良性竞争，达到共赢的目的。

5. 一体供给便捷转诊，提供连续性医养服务

成华区第六人民医院利用多年来医养结合经验，并结合老年健康工作特点，着重源头设计，优化服务流程，实现医、养充分融合，开展中西医多学科资源整合，形成营养干预网络和多服务功能联动机制，探索出具有自身特色又符合老龄化社会发展需求的医养结合服务新模式。目前已经能够将失能老人筛查、综合等级评估、健康管理服务、质量监督检查促进质量改进纳入闭环管理工作，养老服务机制不断完善。同时实行入托老人“分区管理、动态转换”，真正实现了医疗、养老动态管理与服务无缝衔接。

结合家庭医生签约服务，成华区卫健委努力做好社区居家老人上门服务，随访掌握健康状况，适时开展需求评估。结合城市医联体建设，畅通医疗双向转诊绿色通道，有效降低社区养老或居家养老的健康风险，打通了社区老年健康管理服务“最后一公里”。

（三）问题与优化

随着社会经济的不断发展，人民群众对基本公共卫生服务需求多、服务要求高，基层服务瓶颈凸显。老年人患病率高、慢病多、失能多，健康服务需求和生活照料需求叠加供给的压力日益突出，医养服务供需错配矛盾凸显，医疗机构“养”的空间不大，养老机构“医”的保障不够，“四二一”家庭的中年子女无时间、无精力照顾老年人等问题是成华区目前和未来几十年内面临的重大社会问题。目前成华区政府在完善相关配套政策措施、构建新的医养服务标准体系、推动改革新破题等方面做了一系列的努力，也取得了一定的成效。通过对成华区医养联合基本公共服务标准化试点的一些调查研究，也发现了以下一些问题。

1. 体制机制尚待完善，服务供给多元化还需加强

一方面，在全国共性体制机制问题方面，政府、卫健、民政、医保、老龄办等相关部门之间的责任还未完全明晰，部门之间的沟通与协调机制欠缺，建立起畅通的协调机制尤为重要。同时人才、土地、税收等配套支持政策的也尚未健全。另一方面，医疗服务和养老服务的边界还未界定清楚，大多数开展“医养结合”的养老机构仍以“养”为重心，缺乏“医”的资源融合，“医”和“养”之间还未统一协调，养老服务质量和水平还需提升。在养老护理方面，全区养老服务供给主要依靠成华区第六人民医院，还需要不断发展其他医疗机构或养老机构，扩大医养结合服务的多元化供给能力和水平。另外，针对养老群体的服务缺乏详细分类，相关服务体系比较单一，服务内容比较趋同。

2. 标准化体系尚需完善，老年评估提升空间大

在标准体系的建设上，尽管成华区已研制出了医养结合基本公共服务标准体系，但此标准还需在实际工作的评定中不断与时俱进，持续改进，形成一个最适合本地区的评价标准，尽快实现“服务标准规范化、服务模式统一化、服务内容量化”。

3. 医养服务人才供给不足，照护服务收费较高

虽然在 2022 年全市基本公共卫生服务及家庭医生签约服务考核中，成华区排名主城区第一，但总体家庭医生签约率为 41.29%，提升空间还很大。通过对成华区各街道老年人口数量的分析得出，部分街道老年人口比重较大，可以通过招商引资等办法，吸引更多的医养结合机构入驻成华区，提高成华区医疗、养老服务能力。“有机构，无人才”的问题也十分突出，不仅是成华

区，目前全国都面临着这样的问题。尽管目前成华区已将区六医院打造成了养老护理员的培训基地，但远不足以承担起照护全区的责任，可以积极引入多方力量，为社会输送更多优质的养老护理服务人员。

开展医养结合照护服务的目的是让更多普通家庭能够承受专业医养服务的价格，在相对较小的支出下能够享受到专业的医养服务。但目前医养结合机构存在收费较高的情况，比如区六医院的普通康养间收费标准为 4000～6000/月，VIP 托养间收费为 6000～8000/月，具体收费项目还需根据康养人员的身体情况进行专业评估，确定基础收费标准，再结合选的房间档次、个性化服务需求进行费用综合计算。这对大多数家庭而言仍然是较大的经济支出。

4. 信息化建设逐步完善，信息公开程度有待提升

在信息化建设方面，成华区已经制定了区健康大数据、智慧养老、信息数据库建设管理规范，为每一个居民建立电子版健康管理档案，尽量实现电子建档全覆盖，发挥了信息高效互通的优势，工作效率极大提高。但是，部门之间信息公开程度有待加强，在实际工作过程中，部门之间信息畅通程度仍然不够。同时，在保证居民信息合理公开的情况下，也应该注意保护居民的隐私，维护好社区公民的个人权利。

（四）建 议

通过全面的总结分析，建议从以下几个方面进行改进：

1. 加强顶层设计，完善体制机制

深入落实国家、省、市医养结合政策，从老年人健康服务、

老年人就医绿色通道、医养结合机构服务质量提升、医养结合示范建设等多方面为医养服务标准化、规范化建设提供政策支撑和保障，将医养服务标准化建设纳入地区重点工作，推动相关工作的全方位落实。成华区政府、区卫健、区民政、区医保、区人社、区市场监管等职能部门之间逐步形成统一管理、分工负责、协同推进的工作机制，加强组织领导的能力。

2. 提高家庭医生签约率，提升居家养老服务水平

做实 65 岁以上老年人健康管理，分层分类为居家老年人设计不同形式和内容的签约服务包。积极推动家庭医生签约服务的落实，确保社区常住人员每人都有自己的家庭医生。同时，积极发挥成华区第六人民医院作为专业护理人员的培训基地的作用，加强在职护理人员的培训工作，提升养老护理能力。最后，加强居家老年人健康监测评估和健康管理，强化居家养老与医疗服务的有效对接。上门服务机构可以依据失能、失智人员身体状况、家庭情况定制多元化的上门护理方案，合理安排照护服务项目，提高照护服务的质量和效率，满足个性化的需求。

3. 完善基层服务网底，夯实社区医养结合服务基础

完善社区医养服务设施建设，提升社区卫生服务中心硬件设施水平。不断创新社区医养服务模式，推动有条件的社区卫生服务中心设立以日间护理为重点的社区卫生服务站，为社区老年人提供基本医疗、日间护理、慢病管理、康复护理、生活援助等服务。同时畅通社区卫生服务中心与医疗机构的双向转诊“绿色通道”，构建起深入千家万户的社区医养结合网络，让 15 分钟社区健康养老

服务触手可及。积极落实“健康敲门行动”[①]，成华区内的基层医疗机构根据需要服务的失能老年人数量，选定家庭医生团队，为提出申请的失能老年人提供“三个一”免费健康服务：开展一次上门健康管理，提供一套上门健康指导方案，开通一条健康咨询热线。

4. 优化医养结合机构空间布局，促进照护产业的发展

积极推动照护产业的发展，一定程度上能够缓解社区养老服务资源不足的压力。坚持政府主导，充分发挥市场的作用，为进入成华区的医养结合机构提供尽可能好的营商环境。坚持实施“分区划片、就近便利、互不跨界”的原则，推动医养结合机构提升质量、提高效率，促进医养结合机构之间的良性竞争。引入资源实施数字应用无障碍工程，提高数字应用适老性，支持养老机构智能升级改造，创新发展“互联网+”养老服务，推动养老服务智慧化。在成都市长照险上门服务政策背景下，鼓励签约上门服务，增加机构上门照护业务量，既能保证机构收入稳定可持续，也能激发机构积极提高服务质量、扩大服务质量的内生动力。照护产业与基本养老服务的共同发展，能够满足老年人多层次的养老服务需求，不断提升居民对照护服务的满意度。

5. 完善各项指标体系，全面推行标准化支撑服务

成华区中医医院积极参与《成都市老年人照护需求综合评估规范》，区内其他有资质的部门和医疗机构积极推行基层服务能力标准化建设，将基层卫生常用技能培训项目打造成标准化科目，围

① 为了改善失能老年人的生活质量，四川省卫生健康委员会印发了《2022年四川省失能老年人“健康敲门行动”实施方案》，提出从今年起启动失能老年人“健康敲门行动”，为全省提出申请的20万名65岁及以上失能老年人提供至少两次免费上门健康服务。

绕基本公共卫生、养老服务、长照险评估等核心内容开展技能培训提升，持续为全区培养数量充足、质量合格、结构优化、分布均衡的医养人才队伍。完善组织能力评估和均等化评估指标体系，为深入推进成华区医养服务成效评估打好基础。优化医养结合领域的老年人评估体系、医养结合机构监督管理体系，推动标准化持续改进工作落实到位。

6. 加大政策扶植和信息化建设，全面提升标准化水平

首先，医疗养老应当合理纳入新基建，政府的投入能够吸引更多的社会资本转向医养结合，从而为医养结合高质量发展提供稳定的资金来源。政府应坚持主导地位，加大对医养结合资金端的投入，以保障我国医养结合项目的可持续发展。①同时，还有些学者指出，面对我国人口基数大，老龄人口多且增长速度快的现状，仅靠政府的力量很难高效解决我国日趋紧张的老年人医疗与养老需求的问题。我国政府在推进医养结合工作中，应简政放权，鼓励社会资本进入，引入竞争机制，实行公共服务社会化。②

其次，大力实施互联网+医疗健康的“数字健康”计划，积极发展互联网医疗、智慧健康养老、数字化健康管理、智能中医等新业态，加速形成健康医疗数据要素市场，使数字健康成为成华经济的新增长点。进一步优化升级医疗卫生健康基础设施，建立健全互联互通、权威统一的全面健康信息服务体系。依托成华的优势，深入推动医养与文化旅游相结合，积极开办老年病医院、康复医院、护理院等机构。全力打造成华名片，逐步形成层次分明、布局合理、医养结合的多业融合康养产业体系。

① 高振峰. 医养结合发展现状、困境与优化措施[J].劳动保障世界，2019(33),31-33。

② 张瑾. 我国医养结合政策分析与完善[J]社会治理，2019(4)，38-45。

最后，大力支持社会资本进入养老服务业，在投资融资、规划建设、土地使用、税费减免、行政审批等方面出台优惠政策，促进医养机构建设、新建、改扩建。取消医养机构开展医疗服务的行政审批，实行备案管理。推动医疗康养与健身运动、养老养生等多业态多元化融合发展。优化全民健康信息平台，推进健康医疗大数据分析和共享，实现全生命周期健康信息管理。开展基于人工智能技术、医疗健康智能设备的移动医疗示范，实现个人健康实时监测与评估、疾病预警、慢病筛查、主动干预，利用信息化技术更好地提供优质便捷的医疗服务，使信息化技术参与全人群健康管理。

二、成华区医养领域基本公共服务均等化评估报告

医养联合基本公共服务均等化是实现积极老龄观健康老龄化的重要标志。自成华区开展医养联合基本公共服务标准化试点以来，成华区始终聚焦“病有所医、老有所养、医养结合”基本公共服务，积极以标准化促进基本公共服务均等化、普惠化、便捷化，切实兜牢成华医养民生底线，全面提升医养领域服务能力，以智治创新促医养资源融合，补齐健康、养老基本公共服务短板弱项。

为了更深入地了解成华区医养领域基本公共服务建设的均等化水平，我院专家组深入社区实地调研，与成华区卫健委、标准化研究院、社区领导干部等面对面交流，全面了解成华区“医养联合”试点总体情况，对成华区医养联合基本公共服务能力水平进行评估，综合分析试点地区深入推进医养联合过程中存在的问题，提出意见和建议。

(一) 现 状

1. 成华区基本情况

据第七次人口普查数据显示，成华区 65 岁以上老年人口主要集中在西北地区（包括双子桥街道、猛追湾街道、府青路街道、跳蹬河街道）。除白莲池街道 65 岁老年人口数量在 2600 人左右，其余各街道老年人口数量 1.2 万-1.5 万人左右（见图 6-1）。11 个街道中 65 岁及以上老年人口比重超过 14%的街道有 3 个，分别为双桥子街道、府青街道和猛追湾街道（见图 6-2）。

表 6-1 成华区各街道老年人口情况

序号	街道	常住人口数量（人）	60 岁及以上占常住人口占总人口（%）	65 岁及以上占常住人口占总人口（%）
1	青龙街道	161494	13.55	9.13
2	府青街道	136643	22.17	16.5
3	双桥子街道	114837	25.65	19.55
4	跳蹬河街道	115726	19.36	13.95
5	龙潭街道	142057	15.19	10.67
6	保和街道	161144	14.99	10
7	猛追湾街道	126908	22.16	17.22
8	二仙桥街道	131332	13.39	9.69
9	万年街道	134333	16.42	11.3
10	双水碾街道	129312	14.52	9.98
11	白莲池街道	28108	13.44	9.25

图 6-1 成华区各街道 65 岁及以上老年人口数量

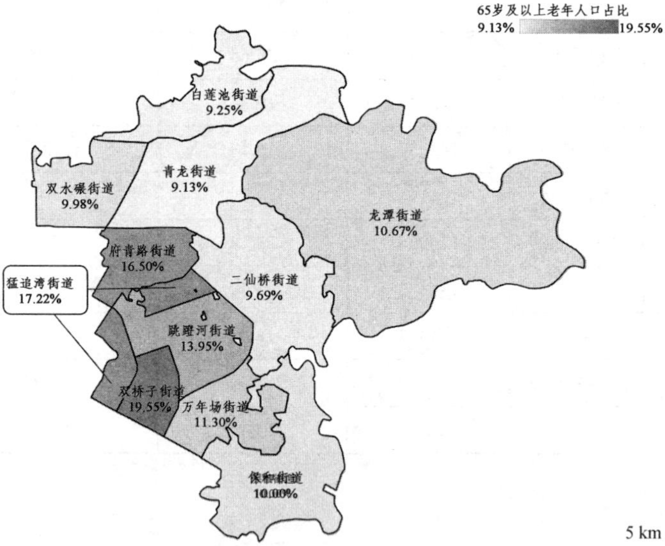

图 6-2 成华区各街道 65 岁及以上老年人口占比情况

2. “病有所医”方面

成华区医疗卫生机构整体分布与老年人口数量及占比总体呈正相关。首先，成华区有两个国家级三级甲等综合医院，分别是成华区第三人民医院[①]和成华区第六人民医院[②]，能够提供成华区较高水平的医疗服务，并在一定程度辐射其他区域的居民。成华区政府坚持以三甲医院为龙头，在第六人民医院康穗养老中心新院区建设中投入 3.6 亿元，设置床位 600 张，满足了失能老人“离家近、价格低、医疗及照料有保障”的“筑底”需求。

另外，成华区有 45 个综合、中医或专科医院，也主要分布在经济发展水平较高、老年人口占比较高的西部、西南部及中部（见图 6-3）；最后，成华区各街道均有社区卫生服务中心，部分社区有两至三个服务中心，但各街道覆盖面积不一，居民前往社区卫生服务中心所需要的时间也存在差异。比如万年场街道、青龙街道北部和龙潭东部医疗资源相对较少，家在这些地区的居民，在疾病发生时想去附近的社区卫生服务中心就诊距离较远；而居住在跳蹬河街道、双桥子街道或者府青街道的居民离附近的社区卫生服务中心较近，就诊十分便捷。

这些社区卫生服务中心可以提供居家上门医疗服务，为 65 岁以上老人开展健康体检，建立健康管理档案，为失能、半失能老人

① 成华区第三人民医院在青龙街 82 号，开放床位 2200 张，年诊疗约 154 万余人次，出院 6.4 万余人次，住院手术 3.8 万余台次。

② 成华区第六人民医院按照“一院三区”规划，设有沙河院区（建设南街 16 号）、东虹院区（东虹路 39 号）、泉水院区（在建中）三个院区以及以老年医学（安宁疗护）为特色的青龙场病区（致强路 247 号），总规划床位数 1855 张。

开展健康评估，保障了养老公共服务覆盖“扩面”需求。

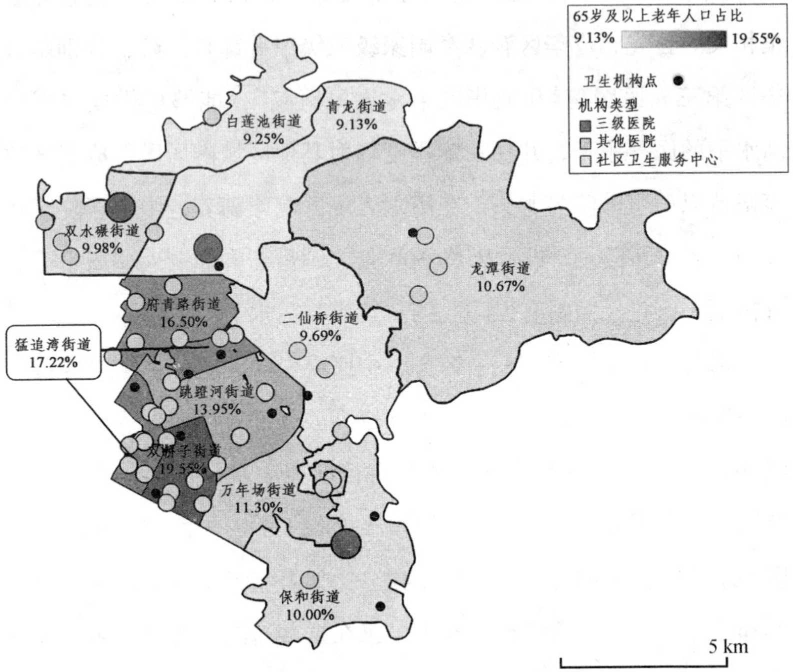

图 6-3 成华区各街道卫生服务机构分布情况

3. “老有所养”方面

成华区有 105 个日间照料中心，地理位置分布上较为均匀，基本覆盖到了每个街道（见图 6-4、6-5）。2022 年成华区民政局委托第三方评估机构对运营的 105 个社区日间照料中心开展评估工作，保和街道的颐佳和美社区日间照料中心和双水碾街道的东沙社区日间照料中心被评为第一等级。

成华区目前有 47 个助餐点（见图 6-6），助餐点服务能力及面积各异，比如二仙桥街道东华社区老年助餐服务点的建筑面积仅50平方米左右，设餐桌5张，餐椅20张，60岁老人可享受质优价廉的自助餐[①]，疫情前试运行期间每天接待用餐人员达到60～80人次；白莲池街道回龙社区老年助餐服务点建筑面积有300平方米左右，设置餐桌15张，餐椅50张。这些助餐点给老年人生活带来了极大的便利，深受居民满意和认可。

结合各街道老年人数量，大部分地区的老年人都能够在较短时间内前往助餐点，并享有相应的待遇。但从整体上来讲，成华区助餐点供给量仍不足，应增加双子桥街道、府青路街道、猛追湾街道、跳蹬河街道、保和街道以及龙潭街道这几个老年人口较多地区的助餐点数量，填补一定空间内没有助餐点的缺陷。

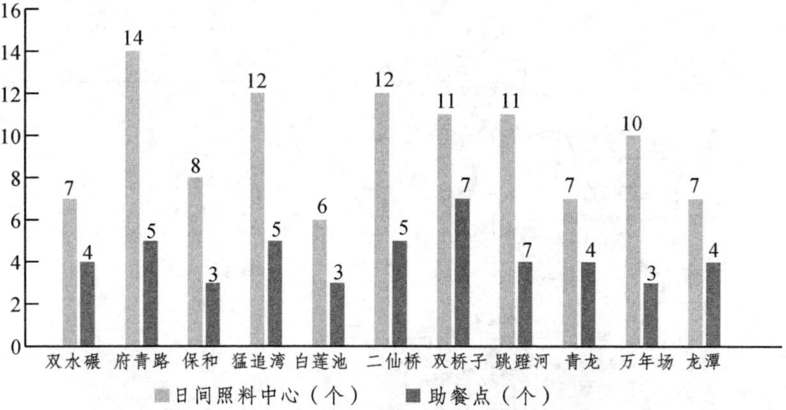

图6-4 成华区各街道日间照料中心及助餐点数量（个）

① 60岁老人可享受两荤一素一汤12元，一荤一素一汤10元。

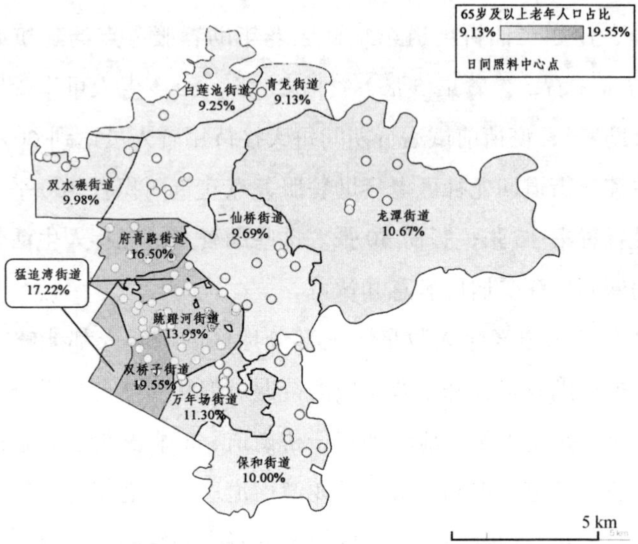

图 6-5 成华区各街道日间照料中心数量及分布

图 6-6 成华区各街道助餐点分布及营业情况

成华区内共 27 家养老院（养老机构），主要集中在老年人口占比较多的西南区域（见图 6-7）。从图 6-7 可以看出，养老机构空间分布与老年人口分布总体呈正相关分布，但青龙街道目前还没有专门的养老机构。也有一些地区，比如双桥子街道、保和街道等，存在养老机构选址较为集中的现象。

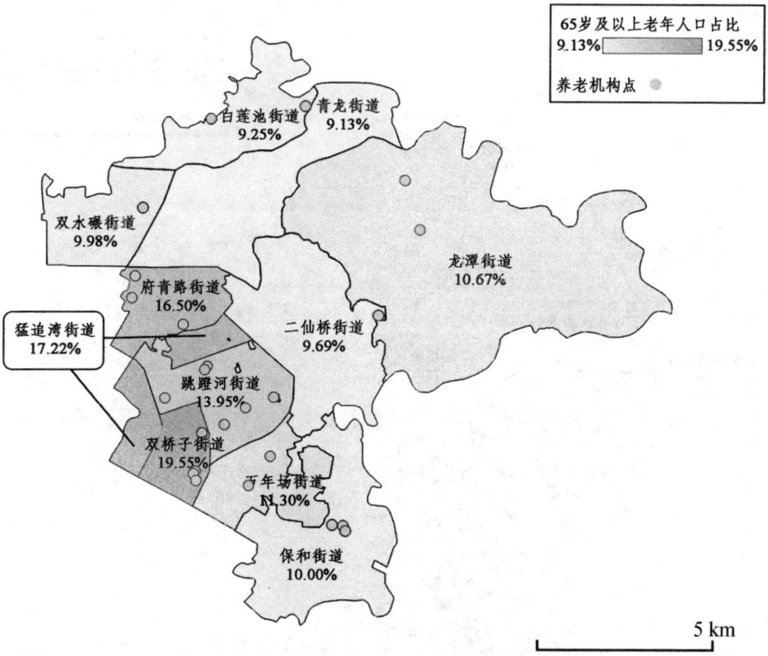

图 6-7 成华区各街道养老机构数量及分布

保和街道养老机构床位数为 792 张，在各街道中床位数相对较多；跳蹬河街道床位数也较多（见图 6-8）；跳蹬河街道护理床位数占比最高，其次是保和街道和龙潭街道（见图 6-9）。结合老年人数量及占比情况，双桥子街道、府青路街道和猛追湾街道亟须增加总的床位数以及护理床位数。按照国务院印发的《“十四五”国家老龄事业发展和养老服务体系规划》，在 2025 年应将养老机构护理型床位占比提升至 55%，新建城区、新建居住区配套建设养老服务设施达标率达到 100%。

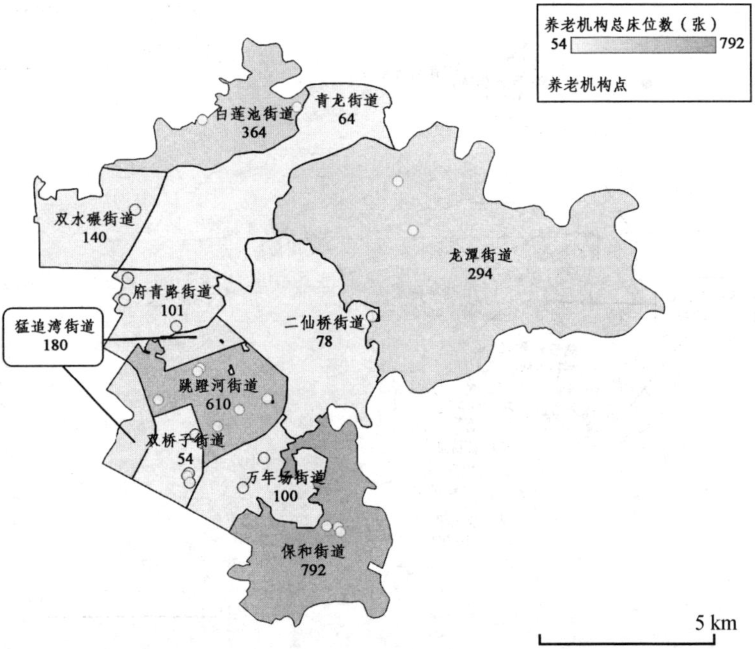

图 6-8 成华区各街道养老机构床位数分布情况

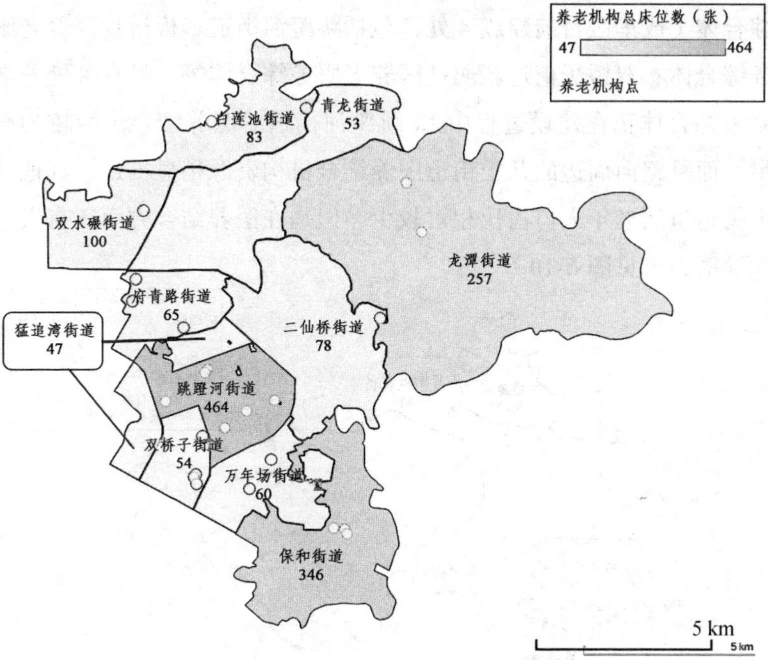

图 6-9 成华区各街道养老机构护理床位数分布情况

4. “医养结合”方面

近年来，依托华西—成华城市区域医疗服务联盟等医联体建设，成华区跳蹬河社区卫生服务中心联合专业养老服务机构，共同打造医养护一体化健康养老模式，较好地实现了一定区域内医疗资源和养老资源的有机整合，构建起了较为完善的区域性医养结合服务体系。

成华区政府也积极开展招商引资项目，近年来引入华润熙悦里、龙湖椿山万树、上海爱照护等大型企业，以社会优质医养资源满足社会养老个性化、品质化需求，解决了医养“提质”问题。总体来讲，跳蹬河街道医养结合机构数量最多，同时已建成养老服务综合体（成华区目前建成 4 处，包括跳蹬河街道杉板桥社区养老服务综合体、双桥子街道新鸿社区养老服务综合体等，另有 8 处养老服务综合体正在建设过程中），跳蹬河街道的医养结合供给较为充足。而跳蹬河周边的几个街道医养结合机构资源稍显不足，其他几个街道虽然老年人口占比相对较少，但是在医养结合方面还有很大发展潜力（见图 6-10）。

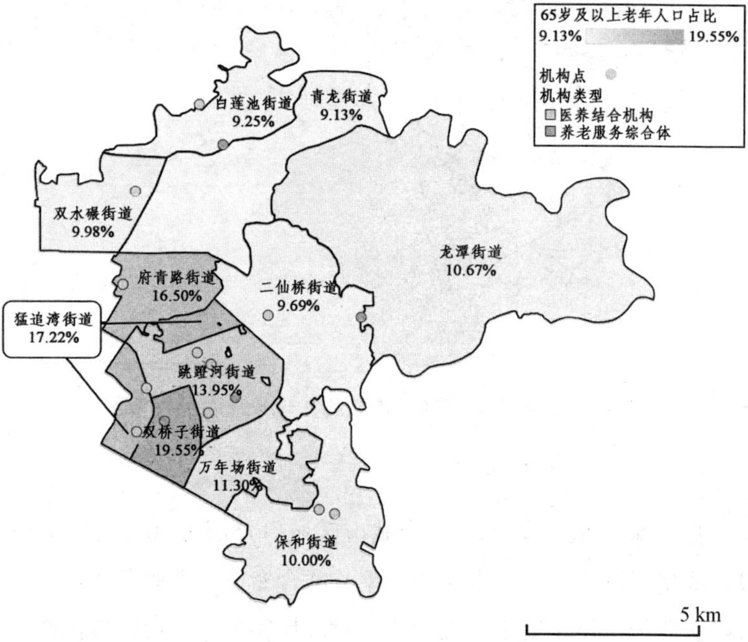

图 6-10 成华区各街道医养结合机构及养老服务综合体数量及分布

成华区三级医养服务体系的建立，全面提升了成华医养结合基本公共服务质量，促进全区老年健康管理服务的精准性和实效性提升，实现了“服务标准规范化、服务模式统一化、服务内容量化”，使得成华区人民群众医养基本公共服务获得感、幸福感、安全感不断提升。

（二）成效与经验

1. 医养联合成效显著，部门联动联通很重要

成华区作为首批次医养联合基本公共服务标准化专项试点的城市，其在医养联合基本公共服务的改革和创新上取得一定成效。如何将“医疗”和“养老”更好地联合、联动和联通，更多的是需要成华区政府、卫健、民政、医保等多部门之间的配合与协作。就试点的情况而言，成华区领导部门积极作为，在促进医养服务一体化发展上取得了一定的成效。

2. 供给多元化趋势加强，政商关系需重视

“病有所医、老有所养、医养结合”不再仅仅是政府的责任，市场的作用也在不断加强。成华区卫健局、民政局、医保局、人社局、区疾控中心、区中医医院、社区卫生服务中心、养老服务机构、医养结合机构等都发挥着不同程度的作用。这也就要求主管部门处理好政府与市场的关系，才能更好的发挥合力，为社区民众提供优质的医养联合基本公共卫生服务。另外，成华区将老年公寓的供养服务纳入政府购买服务范畴，通过提高老年公寓的补贴标准，鼓励社会力量投入养老服务市场。

3. 为老服务资金初步整合，资金使用效率需提升

普惠化与公益性是不相同的，普惠性一般指政策，可以理解为普惠民生的一种公共政策，而公益性是指那些非营利性以及具有社会效益性的项目。成华区医养联合基本公共服务的普惠性体现在提高城镇职工养老保险、城乡居民基本养老保险、基本医疗保险以及长期护理保险的覆盖面上，完善老年人高龄津贴、护理补贴、残

疾人津贴、社会救助等为老服务资金。

4. 医养联合模式不断创新，资源利用效率要最大

成华区跳蹬河街道的“一体两院”模式是指在跳蹬河街道内建设了一个社区卫生服务中心和一个专科医院，共同构成一个医疗卫生综合体。其中，社区卫生服务中心提供基本医疗服务、常见病、慢性病和孕产妇保健等服务。专科医院则提供更加专业的治疗技术和设备，如手术室、重症监护室等。一体两院模式有效地解决了居民就医难的问题，方便了当地居民就近就医，提高了医疗服务质量。此外，这种模式还可以实现两个医疗机构之间的资源共享，提高医疗资源利用效率。

5. 信息化水平不断提升，便捷高效优质是基础

成华区在提供医养服务上使用的信息化手段较为丰富，包括建立电子健康档案、在线诊疗服务、移动医疗服务以及物联网技术，进一步提高了成华区医养基本公共卫生服务的质量和效率，让老年人能够享受到更加便利、智能化的医疗和养老服务。

（三）问题与优化

1. 部门协调机制不健全，顶层设计还需加强

在部门协调上，某些领域尚存在医疗和养老服务之间存在“条块分割”的状态，成华区卫健、民政、医保、人社、市场监管、建设等部门之间的职责还需进一步细化明确，横向联系仍然有待加强，因为“多头监管”通常也会引发“多头不管”，只有加强顶层设计，明确部门职责定位，加强部门横向联系，才能更好地提

高医养基本公共服务效率。

2. 均等化水平待加强，养老人才培养是重难点

政府的兜底作用主要由民政负责，比如建设养老服务综合体、日间照料中心、助餐点等，但覆盖面尚不能满足区内所有老年人对于“医”和“养”的需求。政府可通过招商引资等方式，积极引进大中型养老机构进驻成华区，特别是在老年人口较多的区域。完善医养基本公共服务体系，让各街道之间、不同身体状况的老年人之间、户籍人口或非户籍人口以及城镇与农村人口之间都能够均等地享有医养基本公共服务。此外，养老服务人员也十分紧缺，要进一步满足居民养老的医疗需求，拓展服务范围和内容，需要相对较多的专业服务人员，尤其是养老个性化服务。

3. 普惠化程度需提升，养老服务资金需整合

目前，全国范围内养老服务资金整合程度都不高，尚未形成统一的老年人照护服务项目。长期护理保险制度是建立普惠性养老服务制度的重要组成部分，如何更公平合理地筹集资金，并尽可能多地减轻需要长期护理服务的老年人及其家庭的经济负担，是成华区目前需要着重考虑的方面。由于市场的复杂性，成华区在市场机制层面也未形成普惠养老分级服务价格体系。同时，互助性养老服务的社会氛围还需加强，慈善力量有待提升。

4. 便捷化程度有待提高，创新服务模式需推广

由于成华区东部一些街道的助餐点、日间照料中心、养老院（养老机构）、医养结合机构和卫生机构等较少，但区域面积较大，部分街道的老年人需要较长时间才能到达相应的目的地，便捷化水平尚未达到 100%。同时，“医养分离”现象仍然存在，“医养联

合”程度不高。部分养老机构目前仍仅承担养老服务，医疗服务嵌入不足，只是承担一些诸如测量血压等基础性服务；部分医疗机构转型程度不高[①]，较难满足本地区老年人的医疗卫生需求。尽管有跳蹬河街道的“一体两院”，能够使老年人同时较好地享有医疗和养老服务，但全区此类社区卫生服务中心还较少，需进一步推广该类模式范围，全面提升“医养联合”的服务能力。

5.“信息孤岛”仍存在，信息共享程度需提高

政府部门、养老院（养老机构）、医养结合机构、卫生机构等各主体基本建立起了一套信息化系统，内部基本已经实现信息化。如在成都市成华区居家和社区养老综合服务平台上可以查询到相关的机构信息及联系方式。但各主体之间的信息互通程度不高，机构内的用户电子健康方案等还不能有效互通，机构的信息化平台像一座座“信息孤岛”，难以实现有效信息的快速流通。

（四）建 议

构建医养联合基本公共服务标准体系，实现“服务标准规范化、服务模式统一化、服务内容量化”，让老年人“老有所养、病有所医”，持续推动基本公共服务均等化，构建优质均衡的公共卫生服务体系，是落实以人民为中心的思想的重要举措，是成华区开展“医养联合”基本公共服务标准化试点的目标。成华区始终致力于构建“病有良医、老有颐养、医养结合”的基本公共服务大健康生态圈，树立医养结合服务全国标杆。为了更好地提升基本公共服

---

① 2022 年 8 月 23 日，国家医保局发布《关于进一步推进医养结合发展的指导意见》，明确支持医疗资源丰富地区的二级及以下医疗卫生机构转型，开展康复、护理以及医养结合服务。

务均等化、普惠化和便捷化程度，建议从以下几个方面进行改进：

1. 加强政府顶层设计，全面提升医养联合基本公共服务质量

建立完善相关服务政策体系。认真落实国家、省、市关于推进医养结合发展、推动完善养老服务体系的方式方法，完善相关政策措施，明确区政府、卫健、医保、民政、市监等部门之间职责职权，加强横向联系。

建议成立以主要领导为组长的医养产业发展领导小组，建立部门联席会议制度，邀请专家团队，在广泛征求意见建议的基础上，编制形成《“医养在成华”中长期发展规划》，形成医养产业发展规划体系。实施医疗服务提升、健康服务管理、医养融合促进、康养产业发展、运动养生休闲、“孝老敬亲”实践 “六大行动”，推进形成产业区域布局，健全“医养在成华”发展的体制机制，强化示范创建和标准引领，补齐医养产业发展短板。

2. 扩大医养联合覆盖面，保障基本公共服务均等化

确立养老服务供给的均衡发展战略，进一步缩小养老服务供给能力的地区差距。成都市两个三甲医院可以积极借鉴成都市第八人民医院等在医养结合发展上采取的先进措施，比如做强“医疗+照护”服务、高水平医疗机构聚焦医学重点专科；打造新型医疗服务模式，打破公立医院单一的医疗职能，科学拓展健康服务链条，打造“健康管理、养老、医疗、照护、临终关怀、培训”医护康养一体化的新型医疗服务模式；创新构建医养联合协作体。与护理院、养老机构和日间照料中心等机构签约，建立起“社区医养结合站点”，开通绿色就医通道，形成医养结合网状体系，把医养结合服务延伸到基层和社区，让高质量医养结合健康服务惠及更多老年

人。进一步扩大医养联合覆盖面，保障基本公共服务均等化。

3. 建设普惠服务网络，支持基本公共服务普惠化

首先，需要确保各级政府关于医养结合相关公共政策的落实，应该主动向社区公开相关政策信息，通过社会监督将应对措施落到实处。同时，完善社区养老服务设施，统筹推进配套养老服务设施建设。调动社会力量的参与，充分发挥市场在养老服务资源配置中的力量，综合运用规划、土地、住房、财政、投资、融资、人才等支持政策，引导各类主体提供普惠养老服务。

4. 推进老年友好型社区建设，促进基本公共服务便捷化

近年来，成华区以标准化试点为抓手，致力于解决好人民群众最关心、最直接、最现实的利益问题，全力为老人康养尽责、为群众减负增效、为国家试点探路，逐步构建起“医中有养，养中有医”的医养服务错位发展、规范发展、特色发展的新格局，实现政治效应、经济效益、社会效果相得益彰，让越来越多的老年人不仅“老有所依”，更能“老有所医”。成华区跳蹬河社区卫生服务中心的“医养结合”建设，是该中心依托医联体建设提升服务能力的一个缩影。接下来，成华区将继续在建设医养结合模式的道路上不断探索创新，做好社区居民健康的“守门人”，尽力让每一个有需要的人都能够方便、快捷地享有优质普惠的基本公共服务。

5. 优化全民健康信息平台，促进全人群健康管理

大力支持社会资本进入养老服务业，在投资融资、规划建设、土地使用、税费减免、行政审批等方面出台优惠政策，促进医养机构建设，新建、改扩建。取消医养机构开展医疗服务的行政审批，实行备案管理。推动医疗康养与健身运动，养老养生等多业态

多元化融合发展。优化全民健康信息平台，推进健康医疗大数据分析和共享，实现全生命周期健康信息管理。开展基于人工智能技术、医疗健康智能设备的移动医疗示范，实现个人健康实时监测与评估、疾病预警、慢病筛查、主动干预，利用信息化技术更好地提供优质便捷医疗服务、参与全人群健康管理。

第七章

典型案例

案例一 “多病共管、营养介入、安宁支持、长照参与、中西结合”：成华区中医医院实践

一、基本情况

成都市成华区中医医院系政府举办的三级中医医院，“医养结合院区”位于成华区长秀路 133 号，前身系成华区第六人民医院，内设“康穗养老中心”。新院区建筑面积 2.8 万平方米，拟设置床位 600 张，设置综合门诊（内、外、急诊、妇科、中医科、眼科、口腔、皮肤科、耳鼻、精神科、药剂科、内镜室）、营养科、发热门诊（哨点）、放射科（MRI、CT、DR、骨密度、牙片室）、功能检查科、检验科、中药房、国医馆、现代康复中心、体检科、ICU、全科、综合外科、中医住院区、康复医学科、神经内科、骨质疏松科、老年医学科、心血管科等科室。康养区设置有失能照护区、长期照护区、认知康复区、慢病康养区等专区。为辖区居民提供全方位的特色医疗、中西医融合康养服务，目前已形成“多病共

管、营养介入、安宁支持、长照参与、中西结合”的医养服务模式，受到上级相关部门及广大入托老人和家属的认可。

自 2009 年探索医养结合服务以来，成华区中医医院坚持把“精医仁爱、创新奉献”作为院训，以“替政府分忧、替儿女尽孝、替社会尽责”作为服务宗旨，以全国医养联合基本公共服务标准化试点建设为依托，深入落实老年人健康评估与健康服务、居家老年人医养结合服务、长期照护保险服务 3 项基本公共服务清单，牵头完成医养结合标准制定、实施与持续改进。标准化试点过程中牵头完成了《成华区老年人健康评估与健康服务指南》等医养结合服务类相关标准的制定，并按照相应标准要求竭诚为每一位老人提供良好优质的服务。制定《四川省失能老人健康管理规范》，被推荐为地方标准。主持编写、公开发行《医养结合服务应用实践》《医养结合中医药服务应用实践》，其中《医养结合服务应用实践》被省卫健委指定为“四川省创建全国医养结合示范省培训教材”。2022 年 2 月，受市卫健委委托牵头制定全市“老年人照护需求综合评估规范”，力争实现评估结果互认。

成华区中医医院先后荣获“全国敬老文明号”、2021 年首届成渝两地双城经济圈医养康养推荐活动“优秀医养结合康养机构”等称号，工作成效得到国家、省、市卫健主管部门及相关领导的充分认可，正在不断建设成为可持续发展、可借鉴复制的，符合健康老龄化社会发展的老年友善医疗机构。2022 年 5 月，被四川省卫生健康委、民政厅认定为四川省第一批医养服务示范单位。医院现为国家、省、市、区老年健康人才培训基地，医养结合服务工作深得国家、省、市、区相关部门及领导的认可，国家卫健委、国家医保局、国家民政部等部门以及省内外政府部门、同行机构来院调研考察，均给予了高度的赞扬和评价。

二、主要做法

(一)充分融合，构建“多元素”文化氛围

1. 构建“为老”氛围

一是将 10 余年老年健康管理及医养结合服务形成的文化底蕴与老年友善机构建设的要求编写成为标准化“敬老手册”，并开展全员培训。二是从健康教育、行为准则、服务内容、规范用语等方面着手，引导科室和员工自觉遵守友善文化和老年文化。三是定期更新宣传专栏，以楼层服务主题为特点打造老年文化特色专区、亲情沟通区、活动区等，形成尊老、爱老、护老的友善氛围，提升医护人员为老服务的主动意识。

2. 营造“助老”服务氛围

一是安排工作人员开展全程标准化就医引导，提升老年人群的就医体验。二是定期开展培训，落实为老服务内容，提升服务质量。三是建立志愿服务联盟，开展形式丰富的志愿者为老服务慰问活动，提高入住老人的生活幸福感。截至 2021 年，医院与 25 家企业（院校）建立了长期志愿者合作关系，开展各类慰问活动 40 余次、志愿者活动 60 余次。

3. 实现“医养”文化融合

“老有所医、老有所养、老有所乐”是医院与养老文化充分融合的基础。实行入托老人“分区管理、动态转换”，真正实现医疗、养老动态管理与标准化服务无缝衔接，全力保障入住老人得到适宜的医养照护。每月动态转换老人约占入托老人数的 40% ~

55%，医、养床位使用率常年在90%以上。

（二）理顺机制，构建“多领域”管理体系

1. 建立管理协作机制

一是将老年友善医疗机构建设相关项目纳入年度预算，保障运营经费，定期督导效果。二是将老年友善内容与常规工作同安排部署，并将此项工作作为科室主任的月考核的“红线指标”。三是将老年友善内容延伸至老年健康服务体系建设，在老年健康教育、慢病管理、转诊转介等服务项目中建立协作机制，有力推动成华区老年健康服务的良性运行。医院服务满意指标从 3 年前的 95%提升至2021年度的97%。

2. 建立培训协作机制

一是与多所高等院校建立校地合作关系，定期组织“三基三严”培训。作为医养结合示范基地、老年服务实训基地、长照险评估员培训基地，已举行长照险失能评定评估员、居家照护人员标准化培训班5期，共培训611人；开展养老护理员培训8期，共培训199 人，评估区内失能失智老人共 2100 人。二是承办“成都市百万职工技能比赛”成华片区生活性服务业技能、康复技能大赛两个项目和中医适宜技术培训比赛，获得较好的社会效益，全方位提升了老年照护水平。

3. 建立医疗协作机制

一是按国家卫健委首批老龄健康医养结合远程协同服务试点机构的工作安排，积极与中日友好医院开展网络远程会诊及培训。

二是与华西医院等机构建立医疗联盟，定期开展专家互动，解决老人疑难疾病诊治，搭建转诊绿色通道，构建“危急重症上转、康复后期下转”的标准化服务网络体系，合理调配医疗资源，制定目标绩效考核，做到“医通、人通、财通”，有效地促进分级诊疗工作的实施。

（三）提档升级，构建“多样化”服务环境

适宜的就诊环境和便捷的就诊流程是为老服务的重要体现，也是老年友善工作的重要环节。医院从以下几方面进行了优化：一是重造服务流程。积极按照公共信息标志符号、消防安全、养老服务、医疗保健等国家行业标准，从导视标识、设备配置、科室布局、人才建设等方面积极对标提档升级，为辖区居民提供全方位的特色医疗、康养服务。二是按照不同人群需求设有套房、单间、两人间、三人间、四人间，根据《医养结合机构管理指南》在房间配备 24 小时热水、空调、暖气、电视、床旁可视设备、微波炉、冰箱、坐式马桶、全自动洗澡车（躺浴消毒加热）、多功能浴缸、多功能洗头车、大小便护理仪、全自动翻身床、认知障碍康复机器人、康复评估系统、虚拟驾驶设备、AI 识别感应装置、智能床垫、公共区域 24 小时监控、床旁呼叫等适老化设施设备。此外，还根据《固定在座便器上的助力扶手》等行业标准要求在卫生间安装助力扶手，声、光、空气都满足国家相应的环境质量标准，尽最大努力提升入住老人的舒适感。三是优化人才结构。按照人才培养三年计划，结合老年工作的开展，侧重于服务能力的提升，通过骨干培训、专科培训、技术引进等方式，着力打造老年健康服务管理团队，力争形成“老、中、青”三级服务人才梯

队，支撑单位业务技术的开展，提升老年疾病诊治水平，保障老年友善工作的推进。

（四）积极创新，构建“标准化”服务模式

一是创新老年人健康管理模式。牵头制定了《四川省失能老人健康管理规范》，老人首次入住时，多学科管理团队对其进行失能等级和健康风险评估，根据评估结果，结合老人需求，确定入住专区及费用标准，建立健康档案，并为老人制定个性化的医养方案，“医－护－护”团队提供 24 小时持续的医疗、生活照护，也可以根据家属及老人需求定制照护方案，医护团队落实分级护理，根据计划落实每天照护措施，并定期进行效果评价；常规综合评估每半年进行一次，根据结果调整管理级别，针对在托老人中存在重大风险的人群，定期进行评估，发生病情变化，随时进行动态评估，做到随时掌握老人健康状况，竭诚为每一位老人提供优质满意的服务。

二是创新“医养结合”服务标准化模式。充分利用 10 余年的医养结合服务经验，着重源头设计，优化服务流程，实现医、养充分融合，开展中西医多学科资源整合，形成营养干预网络和多服务功能联动机制，探索出具有自身特色又符合老龄化社会发展需求的医养结合服务新模式。三是创新老年健康服务模式。结合实际，建立以“区中医院为龙头、社区中心为支撑、家医团队为网点”的三级老年健康标准化管理服务网络。按公共卫生管理等相关要求，探索开展失能老人筛查、综合等级评估、健康管理服务、质量监督检查、老人转诊（介）服务，形成日常监管、定期考核、综合分析、适时提升的常规管控模式，为辖区老年人提供

“全程、全人”管理。四是创新标准化“安宁疗护”服务模式。安宁疗护中心成立于 2019 年 7 月，是成都市第二批安宁疗护试点机构，以老年医学科为基础，联合临终关怀科共同开展安宁疗护工作，科室开放安宁疗护床位 64 张。按《安宁疗护中心基本标准（试行）》《医疗机构基本标准（试行）》设置医护人员 25 人，照护人员 7 人。科室按照《安宁疗护实践指南（试行）》将专科治疗、专科护理、生活护理、心理护理、人文关怀等有效地融于一体，实现全人全程的服务。

群众感受：“我患有慢性疾病，一直在成华区中医院新院区康穗养老中心调养身体，这边环境好，医疗设施齐全，医护人员的态度也非常好。”家住东方惠城的刘爷爷说，“住院部的医生团队每日都会来养老中心查房，根据我的身体情况调整对应的康复计划和营养补充，做到了医中有养，养中有医。”下一步，成华区中医院将不断提升医养结合的服务水平，为辖区居民提供更加科学、高效、便捷的医疗和养老服务。

（供稿单位：成都市成华区中医医院 供稿人：张聂）

案例二 “社区医疗＋辖区养老”服务标准化：跳蹬河社区卫生服务中心实践

一、基本情况

成都市成华区跳蹬河社区卫生服务中心位于成华区崔家店路45号，中心建筑面积约1900余平方米，是政府全额投资举办的非营利性社区卫生服务中心，也是成都市医保、成华区医保定点单位，主要承担辖区内基本公共卫生服务和基本医疗服务，执行基本医疗服务政府定价、基本药物零差率销售，推进全科医生服务模式，是居民健康的“守门人”。

中心分为跳蹬河本部和杉板桥分中心，跳蹬河本部开设特殊疾病门诊、妇女保健、慢病管理、心理咨询、部分医技检查；杉板桥分中心开设全科诊室、妇科、口腔科、中医科、康复科、预防接种、儿童保健、儿童早期教育及功能检查室等；配备先进的医疗设施设备，如DR机、彩色多普勒超声诊断机、十二通道心电图仪、24小时动态血压仪、24小时动态心电图仪、全自动糖化血红蛋白测试仪、全自动生化分析仪、血球计数仪、尿液分析仪、微量元素检测仪等。中心共有职工82人，其中高级职称3人，中级职称26人，技术力量全面。目前与四川大学华西医院、四川省人民医院、成都市第六人民医院、成都市第二人民医院等医院达成了对口支援、双向转诊服务协议。

中心环境优美，设施设备一流，其建设规模、设备配备在全市社区卫生服务中心中均居于先进水平，为辖区 11 万余名居民提供以健康教育、预防、保健、康复、计划生育技术服务和一般常见病、多发病诊疗服务为一体的基本医疗及基本公共卫生服务。中心目前共有全科医生 10 名，组建了 8 支家庭医生团队，分别负责跳蹬河、建兴、杉板桥、锦绣社区。

二、主要做法

近年来，跳蹬河社区卫生服务中心以标准化为抓手，依托华西－成华城市区域医疗服务联盟等医联体建设，联合辖区专业养老服务机构，共同打造医养护一体化健康养老模式，实现医疗资源和养老资源的有机整合，全力构建起区域性医养结合标准化服务体系。目前，龙湖跳蹬河养老综合体建设项目已完成，跳蹬河社区卫生服务中心已与养老机构建立了医养合作关系，并形成医养服务机制。社区卫生服务中心已开始向养老机构老人提供健康管理服务。杉板桥分中心自成立以来便开始和“龙湖椿山万树”养老中心进行紧密合作，探索“社区卫生服务中心”+“机构、社区”医养结合标准化服务模式，开通了医养结合健康绿色通道，主动为养老中心老年人进行医疗及公共卫生服务，在医养联合方面形成了自己的特色。

（一）开展社区老年人能力评估和分级管理

从日常生活活动能力、精神状态、社会参与、感知觉与沟通等方面，为 65 岁及以上的老年人提供能力综合评估，建立健全老年人能力评估标准和评估机制。根据评估结果进行健康分级，制订干预计划措施、健康管理服务内容，并定期进行效果评价。根据需求开展老年人自理能力评估，同时联系区中医院开展失能评估，组织疫苗接种车上门给养老中心老年人接种新冠疫苗。

（二）开通医养绿色通道，让医养服务协作关系更紧密、更高效

社区卫生服务中心与龙湖养老机构实行“定时开放、专人管理、适时预约”管理办法，定期开放通道，主动为老年人进行医疗及公共卫生服务。对养老机构的转送病人，在挂号、就诊、检查及治疗方面提供绿色通道，为需要公共卫生服务的老年人提供预约通道和上门服务。对老龄高血压、糖尿病患者等实施慢病统筹管理，开展以“提高生存和生活质量”为目标的全周期服务模式。截至目前，每周开放通道 3 次、提供诊疗及基本公共服务约 400 人次。

（三）依托医养综合体，构建辐射本辖区居民的医养三级服务体系，让医养服务工作更有支持、更可持续

中心与华西医院、市六医院等上级医院建立医联体合作关系，畅通转诊通道，形成三级医院、区级医养结合医院和卫生服务

中心三级医疗服务体系，打通最后一公里，提供“老有所医、有备而养、分级转介”的辖区老龄健康服务体系，让辖区老年人体验到全程医养融合的分级健康管理服务。

（四）依托家庭医生团队，打通医养服务“最后一公里”，让医养服务更接地气

成立以全科医生为核心，专科医生、社区护士为补充的家庭医生健康服务模式，完善养老机构老人的身体健康评估标准，创建老年人健康档案，满足老年人的不同需求，制定包括护理、心理、营养、康复、中医药治未病等服务项目的个性化健康服务方案。对新入住的 65 岁老人进行全方面的身体健康评估，根据健康评估结果，制定个性化的健康指导，为慢性病患者提供全面的慢病综合管理以及康复治疗，逐步形成“一人多管、医护同防、中西并重”的团队参与的医养融合服务模式。截至目前，中心建立龙湖养老中心专管家庭医生团队 1 支，医护人员 17 人，开展健康教育、讲座、义诊咨询和巡诊约 300 余人次。

跳蹬河社区卫生服务中心的医养联合服务是该中心依托医联体建设提升服务能力的一个缩影。接下来，该中心将继续在建设医养联合模式的道路上不断探索创新，做好社区居民健康的“守门人”。

群众感受：张大爷，82 岁，是跳蹬河社区卫生服务中心的忠实“粉丝”，“我一般每天吸氧两次，每次大概半小时。”入住椿山万树养老院的张大爷，5 年前与该中心签约家庭医生服务后，平时

身体有任何不适都会找到家庭医生进行问诊。他介绍说，今年以来，自己需要每天吸氧两次，在家买个吸氧机，不仅贵而且氧气纯度也达不到专业标准，得知跳蹬河社区卫生服务中心与养老院开展了医养结合的养老服务后，他第一时间选择了入住养老院。“这里有中心家庭医生的照护，医疗器械也多，比在家省心多了。”依托医养结合，跳蹬河社区卫生服务中心在未来还将继续服务辖区内更多的老人！

（供稿单位：成都市成华区跳蹬河社区卫生服务中心
供稿人：施梅　范玲玲）

案例三　全方位资源保障：龙湖椿山万树-成都梵城颐年养老公寓实践

一、基本情况

龙湖椿山万树－成都梵城颐年养老公寓，位于成都市成华区成华大道杉板桥路 266 号 5 栋（龙湖-滨江天街），临近华川医院、成都北区医院、成都市第六人民医院。整体建筑面积 1.18 万平方米，空间划分为：颐养空间、益智空间、养护空间。公共活动区域三千余平方米，设置有餐厅、棋牌区、书画区、阅览区、手工坊、医务中心、康复理疗室、护理站等。当前设有 326 个床位，分为双人间和单间。接待对象包括自理、半自理/半失能、不能自理/失能卧床、特护、认知障碍、病后康复老人，围绕独立、协助、失智等客群的需求，提供 24 小时全托服务。

二、主要做法

（一）四大医养产品

作为成都市成华区“医养联合基本公共服务标准化”养老机构试点的先进典型，“龙湖椿山万树养老中心”打破传统养老模式，推出健康管理中心、颐年公寓、社区照料中心、持续照料养老社区四大医养产品，为长者带来城市养老的全新体验。

（二）高端养老公寓

龙湖椿山万树养老中心致力于打造高端舒适的“养老”服务。老人房间和公共活动区域内都设置了中央空调，地暖，除霾新风系统，给予长者们从头到脚的细致呵护。同时精心设计适老化空间、定制化餐饮、个性化照护服务体系、志愿者互动平台、专业康复体系，融入智能化监测体系，用智能化、数字化设备帮助进行老人身体状况监测，做到“实时监控、及时应对”。

（三）四大品质养老服务

龙湖椿山万树养老中心还针对成都目标养老客群的特征和需求，专门制定“医护体系、照料体系、餐饮体系、社工体系”四大标准化服务体系，为客户提供慢病管理、生活照料、术后康复、失智照护等标准化康养服务，弥合医养中间地带，帮助老人实现医养安稳过渡，推进医养一体化。

（四）健全医疗服务

医疗服务是龙湖椿山万树养老中心近几年的建设重点。

1. 龙湖公寓诊所＋跳蹬河社区服务中心

院内医疗场馆位于成都梵城颐年养老公寓三楼，分为龙湖公寓诊所和跳蹬河社区服务中心两部分：公寓诊所主要管理在住老人身体，负责药品管理、换药、管道护理、紧急救助、打针（胰岛素等，其他药品需要自带）等基础性医疗服务，同时提供中西医医疗问诊及康复理疗服务；跳蹬河社区服务中心主要负责慢病治疗、特殊门诊、中医、口腔、疫苗、检查等，院内可以独立完成大部分老年常见病的诊断、治疗。

2. 全方位资源保障

龙湖椿山万树养老中心临近四家三甲医院，方便长者转诊就医。住院输液对接成都市第六人民医院，来回车接车送。通过全方位的资源保障，让长者不远离原有生活环境，不脱离既有社交生活圈，不与家庭亲友分离，延续熟悉的生活状态。

3. 未来规划

龙湖椿山万树养老中心的下一步规划中，将持续加大“医疗医保”建设完善力度，完善和第六人民医院的服务对接，为老年人就医、临终关怀提供进一步的便利。

三、建设体会

医养联合的最大特点是突破了一般医疗与养老的分离状态，为老年人老年期各种病症进行临床诊疗，提供及时、便利、精准的医疗服务，将生活照料、身体康复和临终关怀相结合，不再是“老人追着服务跑”，而是实现“服务就在老人身边”。龙湖椿山万树养老中心医养结合标准化试点是成都市成华区积极创新，构建医养联合协作体的缩影。2018 年以来，成华区鼓励辖区内养老院对内打造专业化的护理团队和康养复健基地，对外联合三甲医院开通绿色就医通道，形成医养结合网状体系，把医养结合服务延伸到基层和社区，让高质量医养结合健康服务惠及更多老年人，为全国基层老年医养服务标准化贡献“成都经验”。

群众感受："我还能再活 20 年！" 88 岁的高奶奶坐在轮椅上，一边"炫耀"着手指操，一边骄傲地说。乍一看高奶奶一点都不像快 90 岁的人，她交谈时思维敏捷，说话吐字清晰，除了因为腿脚不便行动不得不依靠轮椅，整个人都容光焕发，心态尤其年轻。然而仅仅在半年前，刚刚做完"心脏搭桥"手术后躺在家里的她，最常絮叨的一句话却是："今天凑合活着，明天还能活不能？活一天算一天，活着也没意思。"家人既没精力也不知如何照顾奶奶康复，只能寄希望于专业护工护理。

谈及入住龙湖椿山万树养老中心这半年的时光，高奶奶赞不绝口："我来之前真没想到，养老院的环境能比家里还好，房间又干净又敞亮。吃药吃饭、洗漱如厕、按摩锻炼……啥都不用操心。前一天说了想吃什么，第二天就有人送到床前。我有时候不愿意戴助听器，护工小姑娘就拿着写字板和我交流，一点都没有不耐烦。我这个病治疗特别麻烦，需要经常跑医院复查。之前我最不喜欢去医院，一去就要在那待一天，现在养老院楼上就是医院，检查前不用排队，检查完不用等结果。这里的医生和护士都认识我了，说我身体恢复得特别好，起码还能再活 20 年！"高奶奶的脸上洋溢着发自内心的幸福笑容。龙湖诊所医护人员相对固定，熟人诊断和善意的祝愿让原本机械的治疗过程增添了一份温馨，大大消除了老人对病痛的恐惧及对医院的抵触。

（供稿单位：成都椿山万树梵城养老服务有限公司）

案例四　五元共构：成都老年康疗院实践

一、基本情况

成都老年康疗院是一家非营利性二级甲等老年病专科医院，坐落于成华区东虹路 48 号。始建于 1997 年的成都老年康疗院，长期以老年患者为主要诊疗对象，今年已建院 25 年。医院以“帮天下儿女尽孝，替世上父母解难，为党和政府分忧”为己任。为更好地做好老年患者的诊疗、康复及照护工作，医院始终坚持发展才是硬道理，以“做一流的老年病专科医院”为目标，实践创造着医院的发展历程。医院在 2007 年 12 月被确定为“全国爱心护理工程建设基地”，2009 年 10 月被评为“全国爱心护理工程示范基地”，2011 年成为“全国老年医院联盟”理事单位，2012 年成为四川省康复医学会“团体会员单位”，2012 年 10 月成为成都市大慈寺菩提功德会“临终关怀基地”，2012 年 11 月成为成都医学院教学医院，2014 年 1 月被评为“二级甲等老年病专科医院”，2014 年 5 月被成都医学院授予“老年健康服务人才培养基地”的称号，2014 年 12 月、2015 年 4 月先后成为四川文理学院城市职业技术学院守卫教学实践基地，与相关高校开展深度合作。

医院建筑面积 14 000 平方米，医疗编制床位数 299 张，总开放床位 400 张，其中医疗床位 299 张，照护床位 101 张。现拥有员工 319 名，临床医务人员 197 名，其中拥有高级职称的人员 15

名，中级职称 31 名，初级职称 151 名。设临床科室 8 个，职能部门 8 个。目前设有一级科室 11 个，包括内科、外科（普通外科专业）、妇产科（妇科专业门诊）、口腔科、中医科、中西医结合科、康复医学科、急诊医学科、麻醉科、医学影像科、医学检验科，并根据需要设置预防保健科及病案室。自 2003 年改制以来，先后投资 1000 万余元引进西门子螺旋 CT、DR、彩色多普勒、血气分析、微生物实验、全自动生化仪、吞咽功能障碍治疗仪等中高档医疗设备。目前拥有螺旋 CT、骨密度检测仪、DR、彩色多普勒超声诊断仪、全自动生化仪、全自动呼吸机、肺功能测定仪、经颅多普勒、麻醉机等大中型先进医疗设备，影像学及医技科室提供 24 小时服务。

医院对慢性疾病预防与保健，疾病急性期处置及康复具有丰富的临床经验。现阶段医院的老年营养、康复技术，高龄老人跌倒、压疮等多种老年综合征的特色防治技术有利于保证老人健康及身体功能维护，提高老年生活质量。经过 10 多年的发展，医院已成为成都市唯一一家二级甲等医养结合老年病医院，省市医保定点医院、全国爱心护理院示范基地。院内设有康复科、营养科、老年认知障碍、老年重症医学科、临终关怀科等特色科室。成都老年康疗院以老年医疗、老年照护、老年康复、老年健康问题研究，老年健康服务人才培养五元共构老年康养体系为背景，发展成为成都市第一家目前也是唯一的一家二级甲等老年病专科医院，主要服务对象为高龄、多病、失能、失智长者，现入住老人近 400 位，平均年龄 83 岁。

二、主要做法

（一）探索“五元共构”标准化模式

成都老年康疗院是四川省首个“2011 养老与老年健康协同创新协作中心”协作单位。为更好地做好学科建设与发展，2014 年，医院在国家大力提倡医养结合的东风下，探索出“老年医疗、老年康复、老年照护、老年人才培养以及老年问题的研究”的“五元共构”标准化模式，打造以老年科医师为核心的多学科团队，以“多学科查房、老年综合评估”为基本工作方式，着力打造独具老年特色的老年重症医学科、老年康复科、老年认知障碍科、老年营养科、临终关怀等专业科室。老人在院期间，能够得到标准化、精细化的医疗服务和照护服务，获得整体性的医疗支持，实现健康养老、安心养老。该模式得到国家教育部、民政部及全国老年病医院、多家学院认可并成为推广模式。该模式促进了医院教学及科研的快速发展，有利于推进医院老年病专科更好更快发展。

（二）引进先进理念和技术

成都老年康疗院是顾连医疗集团成员。顾连医疗是全国首家覆盖全康复需求（老年康复为基础，功能康复为特色，重症康复为核心，社区医养为连接）、连续医疗服务业态（居家护理站、诊所、康复医院、老年病医院及护理院）、全家庭健康管理服务（儿童、成人、老人）的综合性康复医疗服务平台。正是依托于顾连医疗在康复医疗领域的优势资源背景，康疗院引进了香港、台湾等地先进的康复理念模式和技术，将现代康复与传统康复相结合，针对有康复治疗需求的老人，采用运动疗法、作业疗法、吞咽功能治疗、言语认知功能训练以及传统针灸、推拿等标准化的康复治疗技术，最大程度帮助老人改善机体功能，减缓功能衰退速度，提高老人生活质量。

（三）创立老年认知功能障碍专业病区

针对患有认知功能障碍的老人，医院创立了西南地区首个老年认知功能障碍专业病区，由经验丰富的专科医生、康复治疗师、营养师、专业护士、护理员及志愿者组成“认知障碍康复协作小组”，根据患者的不同情况制定个性化康复治疗计划，最大程度上控制和延缓认知功能障碍进展，控制和减少精神行为异常；同时制定丰富多彩的激活训练活动，尽量维持老人认知功能。

成都老年康疗院未来将持续关注老年病的诊治，将“发展为一流的老年病专科医院”作为自己的发展方向，坚定不移地走医养融合的发展道路。医院将在未来 2～5 年扩建 500 张床位，满足目前供不应求的现状。还将加大对老年病医护人员的培养，也将与成都医学院的老年医学人才培养基地以及与城市职业学院、四川省文理学院的老年服务与管理人才培养部门进行合作，在“老年医疗”“老年康复”“老年照护”“老年服务人才的培养”“老年健康问题的研究”的“五元共构”的标准化模式下持续发展，为更多的高龄、多病、失智、失能老人提供更加专业及高效优质的服务，提高老年人的生活质量，维护老年人群的功能，提升老年人的尊严感。

群众感受：刘奶奶，78 岁，患有认知功能障碍，她的家人了解到老年康疗院创立了西南地区首个老年认知功能障碍专业病区，于是便将刘奶奶送到了老年康疗院进行康养。在经验丰富的专科医生、康复治疗师、营养师、专业护士、护理员及志愿者组成"认知障碍康复协作小组"的照顾下，刘奶奶的病情得到了缓解。同时丰富多彩的激活训练活动也使得刘奶奶的生活质量得到了提高。康疗院未来也将继续以“帮天下儿女尽孝，普世上父母解难，为党和政府分忧”为服务理念，践行顾连集团“卓越康复，人文医疗”的发展战略，愿使天下老人老有所养，老有所医，老有所护，老有所为，老有所乐，老有所终。

（供稿单位：成都老年康疗院 供稿人：张海峰）

案例五 医养标准化综合体：成都地家康养中心实践

一、基本情况

成都地家康养中心，是一座安全舒适绿色健康的花园型四合院式小洋房，位于蜀陵路 367 号四川地质医院院内，是由四川地质医院出资，经成华区民政局批准设立的一家医养结合的花园式养老机构。中心开放床位 40 张，有舒适 3 人间、温馨 2 人间，设有门卫室、办公室、值班室、营养餐厅、公共浴室、棋牌室、书画室、文化走廊和健身区等。室内采用全面无障碍设计、智能安全保障系统和老年生活系列专业设备。功能区设计了无障碍坡道、过道安全扶手、居室入口感应照明灯、卧室及卫生间紧急手拉报警呼救设备、无障碍马桶扶手、浴室安全防滑座椅等。主要服务对象为自理、半自理、失能、半失能及轻、中度失智老人。

二、主要做法

成都地家康养中心在医养联合的号召下建立，并探索出了一条特色发展之路。中心与成都市第一人民医院、成都市第二人民医院、成都市第三人民医院、核工业 416 医院、五冶医院等建立了双向转诊协作关系，建立了以中医调理、理疗康复、老年病、慢性病管理为特色的“医养标准化综合体”。近年来，该中心紧密对接市场，积极转变运营理念，努力探索医养结合新型养老模式，打造康养特色产业。从过去的“小综合”医院逐步转型，建立了以医院为依托的“医养标准化服务综合体”。

中心与四川地质医院在医疗流程上实现无缝对接，为老人提供服务的工作人员包括：临床经验丰富的全科/内科医师、中医康复专家、专业康复理疗师、有多年护理经验的护士长及护士、持证上岗的老年护理员，以及定期巡场和咨询的心理医师、营养师等，使入住老人在舒适养老的同时能享有便捷、安全的医疗以及卫生保健、双向绿色通道转诊、心理咨询等服务。

中心未来还将继续坚持“以人为本、助人自助、服务社会、共创和谐”的宗旨，力争做到细节更完善，站在家人的角度去为老人考虑生活、就医中安全与舒适的点点滴滴，为广大老人提供优质、放心、满意的服务，让“养老”变“享老”，使老年人“老有所养、老有所安、老有所乐”。通过医疗、护理、康复、保健、照护，以及餐饮、文化和专业管理的结合，力求为老人提供“像家、像医院、像酒店和像疗养院”的四像服务，希望老人能在中心实现安全和快乐的养老生活。

三、案例展示

群众感受：“这里生活设施方便，卫生条件也很好，我儿子媳妇要工作，照顾不到我，我经过朋友介绍，就住了进来。”有轻微脑梗的陈婆婆说，在康养中心一日三餐有人安排，生活治疗有人照应，感觉比家里还好。“比家里还好”，正是成都地家康养中心一贯的坚持，“这是我们秉持的服务理念。”医院院长杨廷才指着康养中心宣传单上“老有所养、老有所安、老有所乐”十二个红色大字说。“我们希望老人在我们这里从‘养老’变为‘享老’，我们与专业的外部护理机构签订了协议，生活无法自理，需要护工的老人我们可以提供统一的护理服务，省掉了找护工的麻烦，也避免了请来的护工不专业的问题。”杨廷才介绍道，为了让老人们体验到优质、放心、满意的服务，医院始终竭尽所能。

（供稿单位：成都地家康养中心 供稿人：陈熙）

案例六 以养为主、以医为辅：成都宏明怡倍康养老服务中心实践

一、基本情况

成华区宏明怡倍康养老服务中心位于培华路社区建设路 43 号（八二宿舍区），紧邻宏明医院、国光医院、成都市第六人民医院，地理位置优越，是一家采用“医养结合”方式运营的专业化养老机构。培华路社区位于成华区建设路街道，社区有户籍人口 31 000 余名，其中 60 岁以上老人 8 237 名，失能、半失能老人 725 名。培华路片区曾是老东郊工业区，辖区内有宏明、锦电、国光等多家国营单位宿舍区，老年人群非常密集。

养老中心利用国企闲置住房改建而成，综合面积 4700 平方米，共设置养老床位 150 张，提供全托、短期照护、康复、日间照料、老年餐等专业标准化服务，是二环内规模最大的养老机构之一。中心也是一家以运营见长的综合养老服务机构，业务范围涵盖老年评估、机构运营、培训等养老服务项目。先进的养老服务理念、完善的管理体系、丰富的实践经验，让怡倍康在盘活闲置物业、激活社区养老生态等领域取得了良好的成效。

二、主要做法

为响应成华区医养联合的号召，中心按照社区化、专业化、连锁化、标准化运营养老服务机构，重点打造以“医养结合”为支

撑的嵌入式养老项目，为老人提供标准化的托老、康复、日间照料、健康管理、居家上门等服务。主要包括养老综合服务站、特色康复理疗、互联网+居家上门、长照险居家与社区居家结合、护理人员培训、社工活动等内容。

公司与四川大学华西医院老年医学中心合作，专注于社区养老，并在实践中坚持关注老年人身心健康。养老中心现有医生、护士、护理员、厨师、社会工作师等各类工作人员 40 余名，管理人员全部具有医疗行业从业经历，坚持“以养为主、以医为辅”的现代化老年照护理念。社区内有日常生活照料服务需求的老人占 26.7%，需要老年餐服务的占 23%，需要康复理疗的占 21.3%。除了常住老人，养老院还对周围 3 公里以内的老人开展居家上门服务，深受老人们的欢迎，年累计上门服务达 1000 余人次。

该中心医养联合特色主要体现在以下几点：

（一）秉持“医养结合”的照护理念

养老中心的特色是失能、失智老人的照护和康复。对失能老人，中心坚持营养支持、康复运动、心理慰藉、日常照护“四位一体”的照护理念，重点维持老人的身体机能和心理健康，让老人在感受到体贴专业的照护的同时，也能以积极、乐观的心态面对生活；对失智老人，做到零约束、零尿布、零卧床，通过非药物疗法，如音乐疗法、宠物疗法、记忆锻炼、游戏运动等，提升老人的生活质量与品质。

（二）建立专业且经验丰富的健康护理团队

宏明怡倍康社区养老服务中心拥有一套经验丰富的 24 小时护

理团队，包括：（1）拥有丰富临床经验的护士团队，主要负责院内老人的每日身体检测和体能恢复以及特殊重症病人的专业护理。（2）持有护士从业资格证的长照险居家上门护理人员，主要针对失能失智老人提供日常居家上门护理服务。（3）经验丰富的护工团队，主要负责对院内老人进行 24 小时日常基本护理和陪护（如情感陪护、洗澡、修剪指甲、日常按摩、修容等）。（4）具有营养配餐经验的后厨团队，为老人准备每日营养丰富的三餐。

（三）提供特色化健康服务

中心为院内的每个老人建立了详细的标准化健康档案，可以根据院内老人不同的身体状况提供相应的个性化服务。同时院内护士实行小组责任制，一个护士固定带 5 个老人，使每个老人都能得到个性化服务和温馨的情感陪护。中心还着力打造服务品牌，已形成具有机构特色的失能失智老人照护标准化体系，在老年朋友中拥有了一定的影响力。

（四）与医院合作，提高老年服务质量

中心与成都各大老年病医院，如四川大学华西医院、四川省第五人民医院、成都市第六人民医院、四川省建筑医院、宏明医院等建立合作关系。老人如有需要可及时就医转诊。

（五）聘请老年医学专家，采用科学方法提供服务。

中心聘请了董碧蓉教授为中心养老服务提供指导。董碧蓉教授是华西医院老年科主任、全国知名老年医学专家、怡倍康养老服

务中心首席专家。董教授多年来奋斗在老年医学一线，在临床中坚持使用老年综合评估的方法，发现老人的潜在风险和问题并予以及时干预，取得了很好的效果。董教授认为，有责任将老年综合评估在社会中予以推广，并在此基础上形成一种注重老年人身体功能和心理健康的“医养结合”照护模式，惠及更多老年人群。这也是“怡倍康”的理念：给老年人最专业、最适合的照护。

下一步，中心还要强化“以养为主、以医为辅”的理念，大力拓展医养结合的养老服务项目，开展喘息护理、日间照料、康复理疗、老年餐、居家上门等特色服务，以市场需求为导向，更好地服务社区老年人群。同时，宏明怡倍康养老服务中心也努力成为成华区“社区养老”机构的一张名片。

群众感受：“很舒适！”谈及在这里的生活，80 多岁的李老人竖起大拇指。老人患有糖尿病和痛风，需要人长期照理吃药，并且经常需要找专业医生来缓解病痛。“中心和附近的医院建立了联系，我经常能得到专业的医生看诊，病痛减轻了不少！”老人还提到，养老院的护士都特别贴心，自己不仅得到了悉心的照料，而且也能时不时和护士聊一会天，情感上也得到了陪护。

（供稿单位：成都宏明怡倍康养老服务有限公司 供稿人：刘晓冬）

案例七 社区养老基本服务标准化、均等化：顾连护理站实践

一、基本情况

成都市成华顾连护理站位于成华区保和街道和美社区，是由香港新风天域旗下顾连医疗运营管理的新型标准化社区医养结合医疗机构。护理站面积 480 平方米，分为健教咨询区、护士站、模拟培训区、理疗康复区、现代康复区五大功能区。顾连医疗建成康复医院、老年病医院、连锁儿童康复中心以及护理站，同时与新风天域旗下易得康开展深度合作，借助易得康在全国范围内开展长护险服务的管理经验，发展社区医养业务，布局形成“机构—社区—居家”服务平台，为有需求的患者提供专业的康复和护理服务。

2018 年 2 月成华顾连护理站有限公司响应成都市卫生健康委倡导，选址成华区保和街道和美社区，成立顾连护理站，积极探索成都市长期照护保险居家上门服务。2018 年 12 月护理站先后取得医疗执业许可、成都市医保定点机构资质，成为西南地区第一家取得长照险上门服务资质的机构。2020 年 8 月正式与长照险失能失智人员签订服务协议，并对每一位签约人员进行上门评估，制定服务计划，开始开展长照险居家上门标准化服务，护理站经营探索得到质的突破。

二、主要做法

（一）立足社区养老发展多种业务

构建长照服务、惠民服务、公益服务三足鼎立的社区养老格局。护理站的业务类型包括社区康复、社区义诊等公益服务，健康讲座、健康咨询等公益活动，中医康复理疗等惠民服务，长期照护上门服务和适老化产品的租赁服务。

（二）重视业务管理与服务，打造温馨的社区养老氛围

一是构建完善的居家上门服务管理标准化制度体系，涉及七大板块 21 项制度，包括财务管理制度、照护人员管理制度、居家护理失能人员隐私保护制度、信息系统管理制度、实名制管理制度、政策宣传与培训制度、照护服务管理制度、应急制度、档案管理制度、差错事故防范与登记报告制度。从顶层设计对上门服务实行全流程全方位的规范与监督。二是规范标准的服务流程。引进美国先进的照护服务理念与标准化服务流程：服务签约、评估计划、系统派单、APP 接单、上门服务、回访访视，确保服务有序展开。三是建立健全的培训体系。培训覆盖入职、试用、在岗全周期，定期开展技能强化培训，保持服务技能高熟练度。入职培训中理论培训 3 天，操作培训 4 天，实操 5 ~ 7 天；在岗培训包括质控部培训、月度培训、临时召回培训。质控部培训：每季度一次线上培训；月度培训：每月定期开展服务项目培训；临时召回培训：质控过程中发现问题及时召回更正解决。通过高强度、高标准的定期培训保证服务的专业品质。四是应用三级质控体系。三级质控通过

两种督导方式进行三项质控措施，确保高品质服务，三级质控（PDCA）包括质控小组检查；每月分区自查；每周总部质控考核；每季度考核；1 月、2 月质控会议；周例会自查汇报。同时采用在线督导和现场督导两种督导模式，同步跟进电话回访、上门回访、飞行检查三项措施。层层质控，最大程度减少服务事故，提供让家属放心、老人满意的优质服务。

（三）严格把控服务品质

一是 60 分钟时长要求。顾连护理站贯彻以人为本的服务理念，坚持每次服务时长不低于 60 分钟，保证护理员上门服务时关注老人的需求，避免做完项目就走、敷衍了事的潜在风险。二是双系统创新监管管理。创新应用大数据智慧管理系统 + 大数据智慧管理系统平台，借助大数据工具完成实时显示及语音播报护理员打卡、签退详情，实时定位分布图示，自主进行多维度数据统计。在护理站大数据智慧管理系统中，长照险服务管理系统同步完成计划、派单、服务，同时记录满意度、做实时打卡语音播报、电子围栏以实现服务过程监控，实行时间记录到秒、距离记录到米的监控管理。根据长照险系统星级评价结果，护理站综合五星好评率为 98.3%。三是服务流程高效。合理安排规划每次的服务项目，合理规划每天上门服务的路线，做到护理员通勤时间短、老人等待时间短、服务时间足。体现了以老人为中心，老人便利优先的服务原则，确保每一次服务项目都能保质保量地顺利完成。

（四）积极展开康养产业探索

顾连护理积极展开康养产业探索，优化现有服务的同时开辟社区养老新模式。一是加入和美社区党建共建圈，坚持走社区融合的发展路线。二是与和美社区共同探讨建立社区养老服务联盟，探索建立社区养老服务生态。三是探索辅具租赁服务，深入调查了解需求，围绕老人需求积极做出响应。四是探索居家适老化评估和改造：依托顾连康复医院、成都市老年康疗院技术支持，充分发挥三级康复医疗社区点位的功能，推进社区康养服务落地。

三、成 效

（一）长照险服务总体成效

截至2022年3月19日，成华区享受长照险居家服务待遇的老人有1507人，与顾连护理站签约的有610人，占比40%，共分布在成华区5个街道，其中保和街道110人，万年场街道102人，跳蹬河街道79人，双桥子街道201人，龙潭寺街道118人。

（二）公益活动总体成效

2018年共开展健康讲座16场，覆盖500人；提供健康咨询48人次，帮助社区康复33人次；举办社区院落义诊8场，2019年共开展健康讲座60场，提供健康咨询87人次；帮助社区康复209人次；举办社区院落义诊20场。2020年，虽然受到疫情冲击活动规模有所缩减，但顾连护理站始终秉持“普惠助老”的理念，为社区老人送去力所能及的健康关怀。

（三）实现护理站与社区居民共赢

首先，顾连护理团队可以提供多层次、多要素的服务。让社区居民、失能老人得到了满意的照护。其次，通过全方位评估，为居民、为失能老人量身定制服务计划；通过动态评估，及时调整服务项目，满足动态变化的需求。最后，顾连护理站通过优质的服务、员工的满意度，收获了良好的口碑。同时充分肯定护理员的劳动价值，吸引了川籍优秀护理员返乡就业，让这些护理员既有不错的收入，又解决了远离家乡顾家难的问题。

群众感受：李大爷，68 岁，家住成都市成华区保和街道和美社区。李大爷的儿女都在外地工作，平时和老伴两个人居住。两位老人整体健康状况尚好，但李大爷的老伴患有骨性关节炎，严重时无法独立行走。社区医养结合机构顾连护理站的设立给两位老人带来了福音。顾连护理站定期在社区内开展专家义诊、健康讲座、健康咨询、中医康复理疗等老年活动，李大爷和老伴每次都积极前往，了解自身健康状况、学习保健养生知识。李大爷是医院退休人员，参加讲座的同时也会主动帮助其他老人解答简单的病痛困扰，彼此交流养生心得，发挥余热让他十分满足和快乐。同时，顾连护理站以划算的价格提供适老化产品的租赁服务。每当老伴关节炎发作严重时，李大爷就前去护理站租赁适老化电动轮椅协助其出行。李大爷和老伴表示社区护理站的存在让他们感觉很安心，“即使老了，真的病了也不可怕。我们早就了解过社区护理站还有展业的长护险居家上门照顾服务以及社区医疗点位资质。邻居老黄头脑梗偏瘫了以后被照顾的很好，每天有人上门护理，定期前往社区内的护理站复查、复健，前几天出门碰见都能和我们打招呼了。”社区护理站正在以其就近就便、专职专业的特点和温暖、人性化的氛围托举起社区老年人幸福安稳的晚年。

（供稿单位：顾连护理站 供稿人：张海峰）

案例八 “6+1”标准化服务体系：哺恩养老护理中心（熙悦里）实践

一、基本情况

成都市哺恩养老护理中心熙悦里院位于四川省成都市成华区东秀一路 219 号，隶属于成都哺恩春秋养老服务有限责任公司。该公司养老服务一直走在行业前列，是首届“四川金牌养老机构”获得者，被评为“改革开放四十年 · 2018 四川养老品质服务榜样企业”。哺恩养老中心成立于 2016 年，是一家集护理、康复、生活照护、教学培训等多元化养护服务于一体的连锁养老服务机构，规模较大，定位高端。目前院内总共有 132 个床位，一般养老有双人间和单人间两种房间类型可供选择；治疗中的老人还可以享受单间、专人陪护等待遇。作为创新型养老服务的开拓者，哺恩养老护理中心以“精细护理、快乐健康”为理念，引进欧洲养老品牌 Armonea 的管理模式，创建“6+1”标准化服务体系，为高龄、失能、半失能、失智、半失智老人提供颐养、照料、护理、康乐等高品质的标准化养老护理服务。哺恩养老基于自身专业优势，积极协助社区开展对失能失智早期患者的关注和协助，努力构建机构养老、居家养老、社区养老、哺恩联合体四位一体的养老格局。2017 年开始，响应国家“深化医养结合，促进健康养老”的号召，哺恩养老护理中心积极探索医养联合新模式，在原有养老服务的基础上配备医疗服务，如今医养联合体系已趋于成熟。

二、主要做法

（一）配备优质医疗资源

一是优质的治疗、康复团队：医护部主任、护理主任、成都市三甲医院在职医生担任主任医师、特聘康复师、拥有专业资质的护士，全方位为老人提供健康监测，更新健康档案，提供健康保障。二是专业的照护团队：由护理专家带队、指导，高比例护理人员配比（最高可达 1:1）；照护人员均经过专业培训，全员持证上岗。三是心理咨询团队。配备专业专职心理咨询医生及心理问题治疗团队，帮助老人解开心结，纾解不良情绪，身体健康与心理健康两手抓：要让老人身体无恙，更要让老人有由心而发的幸福感、归属感。四是标准化病房及正规医疗设备。常规治疗可在院内“一站式”完成，无须周转医院。五是康复理疗室，专家坐诊，一对一服务。完备的院内医疗服务系统筑起老人医疗的第一重保障，大多数常见疾病都能在养老院内得到有效治疗、妥善护理。

（二）建立就医“绿色通道”

哺恩养老护理中心与成华区第六人民医院及四川省人民医院东篱医院合作建立老人就医“绿色通道”：实行“定时开放、专人管理、适时预约”的管理办法，定期开放通道，主动为老年人进行医疗及公共卫生服务。对养老机构的转送病人，在挂号、就诊、检查及治疗方面提供“畅通转诊”服务，为需要公共卫生服务的老年人提供预约通道和上门服务。对患有高血压、糖尿病患者等的老龄患者实施慢病统筹管理，开展以“提高生存和生活质量”为目标的全周期服务模式。院内老人如有重大疾病或各种疑难杂症也能“趁早发现，及时就医”，建立老人医疗的第二重保障。

（三）科学饮食助力康养

日常饮食方面，聘请经验丰富的厨师长为老年人调配营养餐，定期请四川营养师协会专家进行营养餐指导，并为养老服务中心老人测定身体营养数值，根据测定结果给予合理的营养膳食调整，增强老人体质。

医养联合是养老的创新模式，设立初衷是更好地服务老年人，为老年人享受“夕阳红”提供身体保障，是一项能够惠及老人的“业务功能”。哺恩养老服务中心发挥其一贯重点建设的“养”的专长，以“养”筑牢老人的信任感、归属感、幸福感，在养老的基础上积极开展医疗服务探索，不断升级医疗团队、更新医疗设施、增强与周边医院合作、提升医疗水平。“医”与“养”并驾齐驱，相辅相成。

群众感受：刘婆婆，83岁，患有失智症。初次见到刘婆婆的人，往往会觉得她眉头紧皱，像是有什么要紧事一样，总在寻找着什么。刚到哺恩养老护理中心的时候，她一天可以在院内上上下下兜转上万步，情绪焦躁，茶不思饭不想。养老中心向刘婆婆的儿女了解到：刘婆婆以前是一家三甲医院的妇产科主任，退休后就患了失智症，她的记忆还停留在医院工作的时候。刚到护理中心时，酷似医院的场景让她以为这还是她的医院，于是她又回到了从前工作时的状态：整天忙碌地奔走在各病房之间。了解刘婆婆的情况后，哺恩养老护理中心为她制定了个性化的陪护方案，通过怀旧疗法、音乐疗法、身体锻炼等方式，分散刘婆婆的注意力，帮助她尽快适应现实的身份与所处环境。同时安排专业的心理咨询团队开展每周一次的心理咨询对话，帮助刘婆婆打开心结，平复焦虑，调整精神、情绪状态。为了唤起刘婆婆的记忆，护理人员“将计就计”，模拟熟悉的场景，引导刘婆婆回溯经历，刺激回忆。渐渐地，刘婆婆在护理中心找到了归属感，精神状况得到好转。不仅积极参与活动、锻炼身体，还时常关心其他老年朋友的健康，主动帮助新来的老人适应环境，又有了妇产科主任的“派头儿”。今年五月，听到那句“小辉（化名）你来了！”刘婆婆的儿子泪光闪闪，他颤抖地握住母亲的手。“我妈不记事已经十几年了，之前在医院断断续续地治疗总也不见成效，而且她很抗拒住院，觉得行动不自由。送到养老中心只是想保守治疗，没想到居然真的治好了！”

（供稿单位：成都市哺恩养老护理中心（熙悦里）供稿人：刘晋）

案例九 “医疗、疗养、养老”一站式标准化服务：成都市誉美养老服务实践

一、基本情况

成都誉美养老服务中心位于成都市成华区下涧槽路 11 号成都誉美医院内，是医院科室筹建的康养院区。成都誉美医院占地 5000 多平方米，现已发展成为一家集医疗、科研、教学、预防、康复、保健为一体的国家二级甲等非营利性综合医院。当前誉美养老服务中心共有 30 张床位，老人房间以三人间为主，内有护理床、呼叫器、独立卫生间等设施。服务对象包括自理、半自理、失能、半失能、失智失能老人，主要是誉美医院治愈或观察期的病人，也提供对外养老服务。誉美养老服务中心曾先后获得四川省老年医学研究中心协同网络成员单位、四川省“百千万养老骨干人才工程”单位荣誉，多次在成都市举办的养老技能比赛中获奖。

二、主要做法

2018 年，誉美医院推出“医养一体”的新型医疗标准化模式：在为老年患者进行常规的医疗护理服务的同时，还提供 24 小时生活照料和人文关怀。老人们的喂药喂饭、换衣洗衣、洗头洗澡、端屎倒尿、心理疏导以及瘫痪老人的定时翻身、定时擦拭身体等均由训练有素的护理员负责。医生护士每月至少两次同家属保持联络，告知病情，相互沟通。

（一）医疗方面

在医疗方面，誉美养老服务中心具有得天独厚的优势：医护人员均为誉美医院内在职医生、护士，医院除了对医生、护士高标准、严要求外，还针对护理人员专门设立了护理员管理部：配备高年资的专职管理人员，对护理员的招聘、培训、工作进行全程的流程指导和规范严格的管理。医生护士每日例行两次查房，发现老人有病情变化就地处理，情况严重者立即送入医院住院治疗，实现了享受“大病不出院，小病不离床”的养老医疗零距离。

（二）养老方面

在养老方面，誉美也成长迅速，现已可以提供生活照料、失能照顾、康复训练、文化娱乐等养老服务标准化项目，老年人日常需求基本覆盖。对入院老人的行动能力、思维意识、患病种类及患病程度等进行评估后，按照护理级别一、二、三级提供有针对性的差异化护理。同时誉美养老中心建立了家属群及伙食委员会：每日在群里公开早中晚伙食图片及老人进食情况。自觉接受家属监督，鼓励家属反馈特殊需求。全院老人的衣、食、住、医得到全面服务，生活质量得到明显的提升。

三、经验体会

长期以来，由于一些老年病的常发、易发和突发性，患病、失能、半失能老人的治疗和护理问题困扰着千家万户。传统模式下医疗和养老分离，老人一旦患病就不得不经常往返于家庭、医院和养老机构之间。既耽误治疗，也增加了家属负担。这使许多患病老人把医院当成养老院，成了“常住户”。老人“押床”加剧了医疗资源的紧张，使真正需要住院的人住不进来。同时住院区冷肃紧张的氛围也不利于老年人身心健康，不适宜长期居住。针对以上问题，成都市誉美养老服务有限公司利用“医养一体化”的发展模式，集医疗、养老为一体，整合了“医养”产品和服务，构建了覆盖生命全周期的完整系统，家属无需另寻陪床护工或养老机构，在医院内即可实现医疗、疗养、养老的无缝衔接。医养一体化减轻了家属的陪床陪护压力，减轻了家庭养老负担，缓解了医院床位紧张状况，最重要的是免去了老人的颠簸周转之苦，让老人享受触手可及的周到服务，让老人得以体面地走完人生最后的路程，真正实现“颐养天年”。

当前誉美养老中心内部装修延续了医院“简洁同一”的装修风格，整体以实用性为主，舒适度不足。后续将着力打造温馨的“居家环境”，增强老人的归属感及居住体验。

群众感受：母亲去世后，杨女士将父亲从泸州老家接来成都一同生活。杨父今年82岁，患有高血压、糖尿病、白内障等多项基础性疾病。遵医嘱需要日常按时服用多种药物，每个月一次定期前往医院检查。父亲性格倔强，总是私自减量甚至忘记服药，杨女士多次劝说无果。父亲腿脚不便只能坐轮椅出行，每月定期体检跑医院更是一项费时费力的大工程。今年3月，杨女士的父亲突发脑溢血昏迷，紧急送往成都市誉美医院抢救。所幸有惊无险，但医生也和杨女士强调：由于杨女士父亲年事已高，且本身存在多种基础性疾病，建议留院观察一个月以上。杨女士平时工作繁忙，亲自陪护有心无力。临时聘请护工又担心市面上护工素质良莠不齐，照顾不周。为难之下杨女士最终接受了医生建议，待父亲病情稳定后，将父亲转送到医院内的誉美养老服务中心疗养观察。父亲来到誉美养老服务中心两个月，护理人员每天在微信上告知杨女士父亲血糖血压等各项身体指标、进食和睡眠状态。期间杨女士父亲存在一次病情反复，查房的护士发现后第一时间汇报给当晚的值班医生，医生当即组织人员将老人送往邻栋的医院紧急救治。当杨女士匆匆赶到时父亲已经转危为安，在护工的陪护下安然睡去。第二天杨女士来到养老中心探望时，父亲正在和室友下棋，医护人员走进来递给父亲药品和温水，看着父亲全部依次吃下后才离开。父亲脸色还有些苍白，但精神状态相当不错，和疗养院内的老人们有说有笑。杨女士也欣慰地笑了："看见我爸没事我就放心了，之前他一个人在家我上班都心神不宁的，一个电话不接就要跑回家看看。这有专业的医生护士随时监测病情，又有护工照顾饮食起居，实在是老人养病的好地方啊！"

（供稿单位：成都市誉美养老服务中心 供稿人：朱丹）

案例十 “持续照顾”理念——1+1>2：成都五一二养老服务实践

一、基本情况

成都五一二养老服务有限公司，位于成都市成华区二环路北四段三号繁华区域，是成都成实医院与成都市五一二养老服务中心二合一的医养结合机构。在初期成都成实医院的基础上，医疗机构转型成为提供医疗和养老服务一体化的康复机构或者护理院，为患病老人提供专业性、长期性、标准化的护理服务。五一二养老服务中心目前设有养老床位 30 个，医疗床位 30 个。当前主要为自理、半自理、失能、失智老人提供诊疗保健、康复理疗、精神慰藉、生活照料、临终关怀等服务项目，受理全托及日托业务。

二、主要做法

（一）“医院+养老中心”两条腿走路

五一二养老服务有限公司积极探索“有病治病、无病疗养”的医养相结合新型养老模式，现已成为成都市“医”“养”均衡发展，两条腿走路的优秀案例典型：成都成实医院负责“医”，成都五一二养老服务中心负责“养”，分工明确，配合紧密。

（二）引入外部医疗支援

五一二养老服务中心距416医院300米，距第三人民医院2公里，方便引入外部医疗资源作为成实医院的医疗补充，多方携手共同为老人身体健康保驾护航。

（三）开展精细化、适老化服务

（1）老人入院即建立标准化健康管理档案，实时开展疾病风险和自理能力评估，兼用于掌握住院病房转入转出情况。

（2）对急慢性病发作期老人采取成实医院治疗、康复-五一二养老服务中心生活照料的流畅转接，实现“由治病到疗养”中间环节的全覆盖。

（3）以“医生-护士-护工”一体化服务为基础，依托后勤保障团队，提升健康管理和生活起居服务。有别于市面上多数养老院由接受短期培训的社会人员组成护理团队，五一二养老服务中心的医疗优势在于拥有一支由技术精湛、有正规行医资质的专职专业医师与经过严格资历审查和上岗培训的护士、护工组成的专业护理团队，为长者提供包括日常护理、重症照料的全面照护服务，给予长者身体和心理的双重关怀。同时配有 24 小时专业的护理团队，对老人的身体状况进行 24 小时贴心关注，对重要的身体指标重点监测，及时干预。

（4）后勤保障方面，聘请多位营养师，合理搭配日常所需营养，针对老人的身体状态和营养需求，提供专业的营养膳食。从而帮助老人长期调理、恢复身体状态。

但成都市五一二养老服务中心也存在整体规模较小，老人数量少，室内装修简陋，室外活动空间狭窄等问题，亟待提升医疗条件、改善养老环境，同时自觉承担起更多的社会责任。

三、经验体会

成都市五一二养老服务有限公司通过医养结合的经营模式，有效整合医院医疗资源、养老服务中心养老资源，提高为老人服务的能力，同时成都成实医院在此过程中树立社会公益形象，扩大自身的影响力及医疗服务的覆盖面，实现双赢。通过提供医疗卫生与养老服务相结合的医养结合服务，实现医疗机构与养老机构“医”与“养”功能互补。“医养结合”的背后，是“持续照顾”的养老服务理念：以“持续照料”为主的养老服务理念，“不变场所变服务”，即尽可能使老年人在熟悉的居住环境中得到基本生活服务及医疗护理、精神慰藉、娱乐文化活动、临终关怀等在内的一系列持续的养老服务，尽量减少因护理程度变化导致更换养老场所的次数，让老年人在稳定的场所中建立归属感，在稳定中安度晚年。

群众感受：张大爷，72岁，患有严重的痛风和糖尿病。在疫情严重时，多地实施封闭式管理。同时由于入秋气温变化，张大爷的老毛病哮喘复发，护工照例将张大爷的身体状况汇报给家属。看着网络上报道的疫情下就医不便的负面新闻，张大爷的儿子担心不已，一下班就急匆匆地赶来养老中心。“听说疫情严重期间很多医院都实行封闭管理，不正常接诊病人了，我爸的哮喘要是突然发作会不会不能送去医院啊？上次医院开的注射胰岛素算日子快要用完了，现在这种情况我也没法再带老人进医院拿药……”面对着急的张先生，医护人员宽慰："养老中心内的成实医院对院内老人24小时开放，医院内部配有专业的医生团队和医疗设施，老人哪怕在深夜突发哮喘也能得到及时有效的治疗。同时养老中心与附近的成都市第三人民医院合作建立了老人就医的'绿色通道'，注射胰岛素的供应问题也无需担心。另外，现在养老中心每天安排专人为老人上门进行核酸检测，为应对疫情风险做好万全准备。"张大爷在一旁笑着说："我在这里安全着呢，你尽管回去放心工作！"

（供稿单位：成都五一二养老服务有限公司 供稿人：何强）

附 录

附录一 成华区医养联合基本公共服务能力评价指标

基本情况

序号	指标内容	指标数值
1	成华常住人口数量	138.19（万人）
2	疾病控制中心	1
3	社区卫生服务中心	12
4	诊所和门诊部	624
5	卫生技术人员（人）	11 498
6	注册护士	5444
7	每千人口注册护士数	4.75 人
8	执业医师	4258
9	每千人执业（助理）医生人数	81
10	成华区卫生机构数量（个）	688
11	医院卫生院数量（个）	50
12	卫生机构床位数（张）	7516
13	每千常住人口医疗卫生机构床位数（张）	10.46
14	每千常住人口公立医院床位数（张）	3.3
15	每千常住人口基层医疗卫生机构床位数（张）	1.6
16	社会力量兴办或经营的养老机构床位数	7241
17	机构护理床位数	1621
18	经济困难、失能（失智）和 80 岁以上高龄空巢独居老年人等重点关爱对象每日电话问询或视频探视次数，每周入户探访次数	2
19	其他一般关爱对象采取上门、视频、电话等方式每周探访次数	1
20	常住人口人均基本公共卫生服务经费	不低于 79 元/人
21	个人卫生支出占卫生总费用的比重（%）	≤22%

病有所医

1	家庭医生团队数	115个
2	家庭医生签约人数	57.07万
3	电子健康档案建档率	95.96%（91.39万份）
4	复工复产中医药防疫宣传手册	1.25万册
5	发放健康教育印刷资料的种类和数量	新冠（10）
6	传染病疫情报告率	100%
7	高血压患者规范管理率	80.10%
8	2型糖尿病患者规范管理率	80.34%
9	严重精神障碍患者规范管理率	门诊6450人
10	严重精神障碍患者治疗（服药）情况	门诊救助1042人次
11	结核病患者转诊到位率	总体到位率98.8%
12	结核病患者规范管理率	100%
13	结核病患者规则服药率	100%
14	婚前医学检查对数	1700对
15	HIV/性病检测登记表填写规范	是
16	社区易感艾滋病高危行为人群干预：新发现病例报告后1个月内、既往病例应每年至少完成1次单阳家庭干预	是
17	全区食品安全风险防控指数	111.11
18	65岁以上老人家庭医生签约率	（6.03万人）45.06%
19	居民健康素养水平	27.17%
20	城镇职工基本医疗保险参保人数	44.65万
21	城镇居民基本医疗保险参保人数	25.12万
22	计划生育奖励扶助人数	2320人
23	计划生育奖励扶助金额	222.8万元
24	计划生育特别扶助人数	2641人
25	计划生育特别扶助金额	2679.7万元
26	计划生育特殊家庭护理保险补贴人数	437人次
27	计划生育特殊家庭护理保险补贴金额	75.66万元

老有所养

1	老年人助餐服务点	47
2	助餐服务老年人次	28 万人次
3	社区养老服务综合体数	建成 4 处，推进 8 处
4	养老床位数	7241 张
5	居家养老服务人次	6055 人次
6	发放高龄津贴人数	3.92 万人
7	发放高龄津贴金额	3303.15 万元
8	老年人关爱巡访人次	123750 人次
9	老年人家庭适老化改造	1461 户
10	城镇职工基本养老保险参保人数	57.17 万人
11	城乡居民养老保险参保人数	1.82 万人
12	养老保险资格核查认证线下网点数	84 个
13	养老待遇核查认证人数	17.84 万
14	社保基层服务网点数	106
15	社保基层服务网点标准化规范化率	100%
16	每千名户籍老人拥有养老床位数	28.35
17	社区养老服务设施（老年人日间照料中心、社区养老服务综合体、老年人助餐点等）覆盖率	100%
18	人均期望寿命	81.73 岁
19	智慧健康养老试点示范社区创建数	是
20	落实四川省居家养老服务补贴	是
21	落实成都市困难老年人基本养老服务补贴	是
22	为提出申请的 80 岁以上的户籍老人提供高龄津贴	是
23	“特困人员”供养率	100%
24	社区助餐补贴服务：对符合条件的高龄、散居特困、计生特殊家庭、低保边缘、低保老年人提供助残补贴	是
25	对成华区户籍的散居特困老年人家庭，低保及低保边缘老年人家庭，以及计划生育特殊老年人家庭提供每户不超过 1000 元补贴	是

医养结合/医养联合

1	老年人健康管理数（65岁以上）	7.7万人
2	65岁以上失能老年人健康评估与服务率	18%
3	65岁以上老年人医养结合服务率	100%
4	在享长期护理保险待遇人数	3534人
5	定点服务机构数	24
6	支付居家照护人次	3.12万
7	支付居家照护金额	3361.42万
8	支付机构照护人次	2.55万人次
9	支付机构照护金额	1419.3万元
10	长期护理保险签约服务满意率	99%
11	失能失智老年人评估团队	12支
12	老年优待服务窗口数量	107
13	基层中医药服务量	55.10%
14	65岁以上医养结合服务率	100%
15	积极规范和完善以“区属公立医院为龙头、社区卫生服务中心为网底、社会医养服务资源为补充”的三级医养创新服务体系	是
16	在医养结合配套政策的落实情况上，是否将医养结合养老模式纳入经济社会建设发展总体规划、城市建设总体规划和医疗资源分布规划	是
17	在部门协调上，是否加强卫健、民政、医保、人社、市场监管、建设等部门横向联系，打破条块分割	是
18	在完善养老服务体系上，是否实行入托老年人“分区管理、动态转换”的闭环管理工作服务机制	是
19	在创新服务模式上，是否开展中西医多学科资源整合，形成营养干预网络和多服务功能联动机制	是
20	在培训机制上，是否建立起对长照险失能评定评估员、居家照护人员、养老护理员的培训机制	是
21	是否整合社区卫生服务中心医疗资源与社会机构养老资源，打造医养结合综合体	是

管理运营水平

1	建立区老年健康评估中心、老年失能失智患者综合评估与干预中心，确保每位老年人得到定期评估（是/否）	否
2	全公办养老机构入驻评估和公开轮候机制健全，提高养老服务效率和公平度（是/否）	是
3	加强信息公开，公开成华区养老服务扶持政策、项目清单、服务标准、供需信息和投资指南（是/否）	是
4	将老年人居家养老服务补贴、困难老年人基本养老服务补贴、高龄津贴经费实施专项管理（是/否）	是
5	对连续在同一养老机构从事护理岗位满 3 年的护理员，择优给予从业补贴（是/否）	是
6	采取政府补贴等方式，对所有纳入特困供养建档立卡范围的高龄、失能、残疾老年人家庭按照《无障碍设计规范》实施适老化改（是/否）	是
7	建设区养老服务信息平台，汇聚线上线下资源，支持企业或社会组织为老年人提供“点菜式”就近便捷养老服务（是/否）	是
8	推动打破部门间数据壁垒，推动养老领域公共数据开放共享（是/否）	是
9	推行辖区老年人意外伤害保险、养老机构责任保险有效实施（是/否）	是
10	日间照料服务：提供一次性建设经费资助、年度运营资助等服务，实施运营监督抽查，确保服务有效提供（是/否）	是

附录二　成华区医养联合基本公共服务均等化评价指标

序号	指标	白莲池街道	双水碾街道	青龙街道	龙潭街道	二仙桥街道	府青路街道	猛追湾街道	跳蹬河街道	双桥子街道	万年场街道	保和街道
1	65岁及以上老年人口数量	2600	12905	14744	15157	12726	22546	21854	16144	22451	15180	16114
2	65岁及以上老年人口占比	9.25%	9.98%	9.13%	10.67%	9.69%	16.50%	17.22%	13.95%	19.55%	11.30%	10.00%
3	卫生机构点(三级医院)	0	1	1	0	0	0	0	0	0	0	1
4	卫生机构点(其他医院)	1	4	2	3	2	5	10	4	6	2	1
5	社区卫生服务中心	0	0	1	1	1	0	3	1	2	1	2
6	卫生机构床位数	0	15	35	30	0	33	69	18	48	25	100
7	餐点(营业)	0	3	1	3	3	2	1	4	3	1	3
8	助餐点(未营业)	2	0	3	1	0	2	2	2	0	2	0
9	医养结合机构	1	1	0	0	1	1	2	3	0	0	2
10	养老机构点(养老服务综合体)	0	0	0	0	0	0	0	1	1	0	0
11	日间照料中心点	4	5	2	5	3	4	3	4	3	1	6
12	养老机构点	2	1	0	2	1	3	0	6	4	2	3
13	养老机构总床位数	364	140	64	294	78	101	180	610	54	100	792
14	养老机构护理床位数	83	100	53	257	78	65	47	464	54	60	346